不動産相続のプロが解決！

危ない実家の相続

Dangers You Have in Inheriting
Your Parent's House

株式会社中央プロパティー
代表取締役

松原昌洙

Masaaki Matsubara

毎日新聞出版

本書の内容は、刊行時点での情報をもとにしていますが、その後の関係法令の改正等によって変更になる場合があります。

はじめに

美しい兄弟愛・姉妹愛というのは、よく語られますし、実際にもあるでしょう。一方で、骨肉の争いという言葉も耳にしないときはありません。古今東西どちらも本当です。

しかし、こと実家の不動産の相続では、愛だけでうまくいくことはほぼ幻想です。

実際、仲の良い兄弟姉妹や家族はたくさんいます。そんな人たちにとっては、熾烈な闘いを繰り広げている世の中の身内間の争い話を聞いたり見たりしても、「うちはそんなもめ事とは無縁だ」と思えるでしょう。ところが、親が生きているときはあれほど仲の良かった兄弟姉妹が、遺産相続をきっかけとして修復不能な関係に陥ってしまうということは珍しくありません。ましてもともと仲が悪ければ、遺産相続で縁切りにもなりかねません。

私は、不動産業に長年携わっていますが、そんな身内ならではの相続トラブルをいやというほど見てきました。もちろん、もめ事を抱えた人が私のところに来るのですから、問題があるのは当たり前です。けれども、相談を受けていると、大なり小なり「トラブルの種」は誰もが持っていると感じさせられます。

相続の対策というと、「相続税」対策を思い浮かべる方が多くいます。そのため、「うちは対策をするほど相続財産はないから大丈夫」と考えて、何も準備をせずに相続を迎えてしまうケースがよくあります。しかし、相続のもめ事で本当に多いのは、家族の中でのすれ違いをはじめとした、人と人の問題です。

「家族仲は良いし、財産を独り占めしようとする人間などいない」というご家族でも、一人ひとりが「自分の当然の権利」を守ろうとする中ですれ違いが生まれ、トラブルにつながるケースを数多く見てきました。また、5年、10年と時間が過ぎていけば各人の経済状況などの環境も変わるし、気持ち自体も変わっていきます。相続トラブルは、誰にでも起こりうるものなのです。

特に、相続財産に不動産が含まれる場合は、トラブルを招きやすいといえます。大きな理由は、現金のように分けられず、自分の権利を全員が平等に享受することができないからです。不動産をいくつも持っているような場合はまた別の対策ができますが、多くの方が持っている不動産は「自宅」でしょう。ひとつしかない自宅を複数の相続人で分けることになるので、当然、平等に分けるためには「対策」が必要となります。

中でも私が注意喚起をしているのが「共有名義」の問題です。

相続が起こったとき、実家の不動産については、例えば父親が亡くなっても母親がそのまま住み続けるなら、比較的スムーズに片づきます。問題は「残った母親が亡くなって子が相続するとき」です。実家は相続人である子の人数分の共有名義になり、さまざまな問題が生じてきます。自宅が共有名義の不動産になっていると、ほぼ100％もめる要素だと言っても過言ではありません。共有名義は相続人が1人でない限り、必ず発生します。相続人が複数なら、被相続人が亡くなった瞬間に遺産は全員の共有財産になるからです。

特に不動産は、話し合って1人の名義にしておかないと、処分しようと思っても面倒な制約がかかってきます。法律上は登記の義務がないので、親の名義のまま放っておかれることもしばしばです。そのため、自分が共有名義の不動産を持っているということすらわかっていない人もたくさんいます。

共有名義をそのままにしておくと、自分の次の子供の代、さらに孫の代とどんどん権利者の数が増え、収拾がつかなくなるリスクもあります。ですから、何としても権利者が「兄弟姉妹だけ」の自分たちの代で処理しておかなければなりません。「共有名義は実家を相続すれば誰にでも発生し、少なくとも単独名義にしておくなどの処置をしておかないと大変なことになる」という意識をしっかり持っていただきたいのです。

また、実家が借地権の土地の上に建てられている場合は、地主との問題も絡んできます。例えば、実家を売却したいと思っても地主の承諾（許可）が必要です。逆に、売りたくないのに地主から借地権を買い取りたいと要求されることもあります。さらに、借地権が共有名義であれば、借地権ではない一般の実家相続と同様の共有名義問題が加わります。

本書では、「富裕層ではない一般の人」が親の死亡で実家の不動産を相続したときに起こるトラブルに焦点を当てて、その背景や原因についてわかりやすく説明し、解決策や予防策を紹介しています。年間500件を超える相談事例に接する私の目を通して、長男中心だった相続の変化や権利意識の高まりなど、時代とともに変わってきた〝今〟の実態と課題を浮き彫りにして解決への道筋をご案内していきます。

また、令和元年から令和2年にかけて、相続に関する大きな法改正がありましたので、特に、実家の不動産相続への影響を考慮しながら改正内容の概要も紹介しました。

トラブルや火種を抱えている人もそうでない人も、ぜひ本書で理解を深めていただければと思います。「うちはきょうだい仲が悪くない」と思っている人こそ、きちんとした対策をしておかないと人間関係を崩壊させるリスクが潜んでいると考えてください。

令和2年6月

株式会社中央プロパティー代表取締役　松原 昌洙

『不動産相続のプロが解決！危ない実家の相続』 目次

第3章 「借地権相続」には誤解がたくさんある

第4章 40年ぶりの相続法改正と実家の相続に与える影響

第5章

将来の実家の不動産相続のためにやっておきたいこと

編集協力 川栄和夫
校　正 小倉レイコ
DTP 荒好見（cmD）
ブックデザイン 金澤浩二（cmD）

序章

どうして我が家にトラブルが？実家の不動産相続の落とし穴

01 相続財産に不動産があるとトラブルのリスクが高まる

相続トラブルの原因の多くは不動産

相続税を払うほどの財産が親にはないから、我が家には相続トラブルはないと思っている人がたくさんいます。相続財産には「3000万円＋法定相続人1人につき600万円」の基礎控除があります。例えば、親が死亡し、相続人が子供2人の場合、相続財産が4200万円以下なら相続税はかかりません。

しかし、裁判所に持ち込まれる遺産分割調停件数のうち7割以上は相続財産5000万円以下であり、1000万円以下も約3割あります。つまり、相続トラブルは富裕層だけの問題ではなく、「普通の家庭」で頻繁に起こっているのです。

相続トラブルの主な原因は、次のようなものです。

・相続財産に占める不動産の割合が多い
・相続財産の内容がはっきりしない
・遺産の使い込みや隠し財産を疑う
・同居親族と別居親族の主張が異なる
・生前贈与がある
・遺言の内容に偏りがある
・相続人以外の人間（配偶者など）が口を出す
・長男と他の兄弟姉妹の対立
・中小企業の事業承継で後継者と他の相続人の利益調整

これらのトラブルのほとんどには「不動産」が絡んでいます。国税庁が公表した統計によれば、平成29年（2017年）分の相続税申告額に占める不動産の割合は41・9％（土地36・5％、家屋5・4％）となっています。ここ10年ほどは地価の下落もあって比率が下がっていますが、平成24年（2012年）分までは50％を超えていました。つまり、相続の約半分は不動産ということです。さらにこれらは、相続税の申告者だけの比率ですから、相続税が課税されない相続も含めた相続財産全体では、不動産の比率がもっと高いと考えられます。我が国の65歳以上の高齢者のいる世帯の持ち家比率は8割以上ですので、相続が発生すれば必然的に実家（不動産）を相続することになります。

相続税が課税されない一般の家庭なら、預貯金もそれほど多くないと思われます。親が年金暮らしで預貯金はほとんどなく、相続財産は実家だけというケースもあります。一般的に「相続財産の大部分は不動産」ともいわれますが、相続財産全体の8割くらいは不動産が占めているのでは、というのが実務の現場での私の実感です。

不動産は分けにくい

相続財産には、主に現金・預貯金と不動産がありますが、不動産があるとトラブルになりやすくなります。現金や預貯金であれば、誰がみても金額が明確です。例えば、３０００万円の現金・預貯金を３人の相続人で分ければ１０００万円ずつと簡単に計算できます。

しかし、不動産の価格は唯一絶対というものがありません。売却して現金化してしまえば明確になりますが、売却できない場合は評価によって換算するしかありません。不動産の評価にはいくつかの方法がありますが、評価方法によって換算価格も異なります。

相続税に関しては、土地については「路線価」、家屋については「固定資産税評価額」がベースになりますが、相続税計算の評価をそのまま遺産分割の評価額にすると、多くの問題が生じます。例えば、路線価は時価（実勢価格）のおよそ8割ともいわれ、一般的には土地価格が実際より低く評価されてしまいます。時価に近い価格で売却したければ、不動産鑑定で評価する方法がありますが、不動産鑑定士に依頼すれば数十万円の費用がかかります。不動産業者に依頼して見積もることもできますが、正確に評価できるとは限りません。

このように、不動産の評価方法はいろいろありますが、評価額もさまざまになります。そのほかにも、身内価格やメリットの考慮などの要素も入ってきます。例えば、実家に親と同居していた長男が、相続時に実家の土地に発生した次男の持分を買い取りたい場合、「身内なんだから安くしてほしい」といった要望があったりします。

不動産が分けにくいのは、どの評価方法をとっても明確な換算ができないことに加え、相続人の間の要望が一致しないことが起こりがちだというところにあります。

不動産の相続には「共有名義」の落とし穴がある

不動産を相続したときに、必然的に生じるのが共有名義の問題です。親が亡くなって実家を兄弟姉妹で相続した場合に、なぜ共有名義に注意しなければいけないのでしょうか。それは、収拾のつかない親族間トラブルのリスクの芽があるからです。不動産相続トラブルの本丸といってもよいでしょう。

共有名義と聞いても、相続登記をしなければ別に関係ないと思うかもしれません。ここでいう共有名義とは、相続した実家の不動産を兄弟姉妹間の共有として名義登録するという意味ではありません。業界では「共有持分」と呼んでいますが、要するに各相続人が自分の持分（権利を持つ部分）を保有する共有不動産のことです。

相続の発生と同時に、故人の財産は法定相続人全員の共有財産になります。この遺産（共有財産）について、相続人全員が話し合って各人の取り分を決めるのが「遺産分割協議」です。そして遺産分割協議をまとめるときに問題となるのが不動産の扱いです。不動産は分けにくいので、とりあえず共有名義のままにしておくことになりがちです。法律上でも相続登記をしなくてもかまわないことになっています。

しかし、不動産が共有名義のままだと権利関係があいまいで、時間がたつほどトラブルのもとになります。さらに、共有名義のまま相続人が死亡して次の世代に引き継がれると相続人の数がどんどん増えていき、収拾がつかなくなるという問題があります。このように、不動産の共有名義は将来のトラブルを増大させるリスクをはらんでいるのです。

借地権の実家の相続では地主との権利関係も絡んでくる

ケースは少ないですが、相続した実家が借地権付き住宅という場合もあります。借りた土地（借地）の上に建てた建物ということです。

借地権付きの建物の場合は、相続自体は相続人だけの手続きですが、相続した建物には土地を貸している地主との権利関係が生じます。地主との権利関係や制約が絡んだトラブルが生じる可能性があるのが、借地権付き建物の実家を相続したときの特有のリスクです。

通常の所有権との主な違いは、まず土地は借地人が利用していても所有権は地主にあるので、借地人が売却できないことです。また、建物の所有権は借地人にありますが、建物を売却（借地権も売却することになる）するときは地主の承諾が必要になります。

こうした地主との関係から生じるトラブルは頻繁に起きています。例えば、親が亡くなったのなら土地を返してほしいと地主から要求されたり、実家を売却しようと思っても地主が承諾してくれなかったりといったトラブルです。さらに、借地権の相続でも共有名義問題が生じるのは、通常の所有権の実家相続と同じです。

02 なぜ不動産が相続に絡むと親族の感情がもつれやすくなるのか？

どんどん薄まる家中心の意識と親族間の絆

昔は、盆暮れ正月に親戚一同が集まるといった習慣が当たり前でした。戦前であれば制度的にも長男がいわゆる家督を継ぐということで相続が行われていました。家長である長男が全財産を相続し、代わりに兄弟姉妹の面倒に責任を持ち、家と財産を守っていく義務を負うというものです。そのため、長男と他の兄弟姉妹は家族ぐるみの付き合いで自然と親族間の絆が築かれていたのです。

戦後は、相続人は平等に権利を持つ制度に変わりましたが、長男による家を中心とした相続の考え方は残っていました。しかし、時代とともに家中心の意識は薄くなり、核家族化が進んだこともあり、親戚と顔を合わせるのも冠婚葬祭くらいしかなくなってきました。

そうなると親族間の絆も当然弱まってきます。

一方で、個人の権利意識は強くなり、平等意識とともに自分の権利ははっきり主張する傾向が強まってきました。それでも、身内への遠慮というものはあり親が存命中は表面化しなかったものが、相続の発生とともに噴き出てくることになります。

また、相続前に思っていたことと相続に直面したときに思うことは違うということもあります。相続前に思っていたように、「家は財産もないしきょうだい仲も悪くないのでトラブルは起きない」とはならないのです。

親のほうでも、子供たちがもめることはないだろうという期待があります。実家ぐらいしか相続財産がないので、これくらいでもめることはないだろうと思うのです。そのため、何も相続対策をしないということになり、念のため遺言書をつくっておくことにつながらないのです。

不動産の相続では見えにくい分だけ不信感も生みやすい

相続では、単純な損得勘定よりも〝親族ならでは〟の感情が絡んできます。相続財産の額が少なくても、トラブルが多いという現実がこれを如実に映し出しています。つまり、「なぜ、兄だけが多い取り分なのか」「生前、親にさんざん迷惑をかけたのに自分の取り分をきっちり主張するのはおかしい」といった感情的に納得できない要素がトラブルの原因の多くを占めています。

特に、不動産の場合は、分けにくかったり、見えにくかったりするので、親族間の不信感を生む多くの要素があります。

例えば、長男が実家で同居の母親の介護をしている場合を考えてみましょう。母親が亡くなって相続が発生して長男が住み続けるとします。妹と弟が別居していた場合、実家の不動産は各人が3分の1ずつの持分（権利）があります。そのままだと長男のみが利益を享受して、妹と弟は何の利益も受けられないことになります。

相続発生時は、母親の介護をしてくれたこともあり弟と妹も納得しても、時を経ると不満に思うようになります。3分の1の権利がまったく活かされていないからです。一方で長男は、母親の介護もしたし固定資産税も払っているのだから当然という意識になります。こうした長男と弟・妹との意識のギャップが親族間の不信感を増大させていきます。

このように、不動産が絡むと不信感が生じやすくトラブルに発展しやすくなります。

03 相続税が発生しなくても申告しないと使えない控除がある

3カ月経過すると相続放棄ができなくなる

相続税の計算と申告・納税手続きはとても複雑です。詳細はここでは省きますが、相続税の申告を中心とした相続手続きの概略は次ページの図のようになります。特に、期限のあるものに注意しなければなりません。

被相続人の死亡後（正確には相続開始後で、死亡を知らなかった場合は死亡を知った時点から起算する）一定期間を過ぎると認められなくなるものがいくつかあります。実際には例外があり、必ずしもアウトではありませんが、一定の条件と煩雑な手続きの手間がかかりますので、期限を過ぎるとできなくなると思って意識する必要があります。

葬儀などに追われるうえ、気持ち的にも落ち着かないので、多くの場合、49日を過ぎて

相続で注意する手続き（相続税の申告・納税期限、その他の手続き期限）

死亡

死亡届（原則7日以内）**などの提出**

- 相続財産の確認
  →財産目録の作成
- 遺言書の確認（家の遺品を探す、公証役場へ問い合わせなど）
  →遺言書があれば検認手続き
- 被相続人（死亡者）の戸籍謄本などの戸籍情報入手
  →各種手続きに必要であるとともに法定相続人が確認できる

49日

死亡後3カ月　**相続放棄、限定承認の期限**

期限を過ぎると
認められなくなるので注意

死亡後4カ月　**所得税の準確定申告の期限**

※生前、毎年の確定申告をしていなければ原則不要

死亡後10カ月　**相続税の申告・納税期限**

期限を過ぎると原則として
配偶者特別控除、小規模宅地等の
特例が使えなくなるので注意
※非課税でも特例利用には申告が必要

遺産分割協議

- 遺言書がある場合は、遺言書に基づいて分割
  →遺留分侵害の有無を確認
- 相続人全員が合意すれば遺言書の内容の変更も可能
- 遺言書がない場合は、相続人全員で協議
  →各相続人は法定相続分の権利は主張できる（合意できなくても保障される）

↓

遺産分割協議書

不動産は相続登記をする
→相続登記をしないと
第三者に対抗できない
※最終的には相続人のうち１人の単独名義にする
※親の名義や共有名義のままだと次の代の相続トラブルの原因となる

からようやく相続のことに手を着けるということになります。しかし、早くも3カ月後には相続放棄と限定承認の期限が来てしまいます。

相続財産に借金が多かったり、身内とのトラブルを避けたいような場合は相続放棄という手段がありますが、死亡後3カ月以内に家庭裁判所に申し立てしなければなりません。放っておいて3カ月が過ぎると単純承認（通常の相続）したとみなされて相続放棄はできなくなります。

同じく限定承認の期限も3カ月です。限定承認とは、預金など正の財産の範囲内で借金などの負の財産を返済すればよいという相続方法です。相続放棄の場合は財産（預金など）も借金も一切の相続をしなくなりますが、限定承認の場合は財産の範囲内で借金を返せばよいので、超過分を自腹で負担する必要はなくなります。例えば、1500万円の借金があっても、財産が500万円しかなければ500万円だけを返済し、不足分の1000万円は返済する必要はありません。

死亡後、4カ月たつと所得税の準確定申告の期限になります。準確定申告とは、死亡した本人に代わって相続人が確定申告することです。なお、毎年の確定申告をしていない人が死亡した場合には、原則として準確定申告も必要ありません。

小規模宅地等の特例は相続税申告をしないと使えない

相続税の申告と納税は、10カ月以内にする必要があります。期限自体は、相続の当事者になると情報として聞かされるので知っている人が多いでしょう。しかし、手続きの大変さは経験して初めて実感するのが本当のところだと思います。

大きな山場は遺産分割協議ですが、相続人全員が合意に達するのは容易なことではありません。もめているうちにあっという間に申告・納税期限が来てしまいます。また、相続税が発生しない場合は、自分たちには期限は無関係だと思うかもしれません。

実は、相続税がかからなくても相続税の申告をしなければならない場合があるのです。特に多くの人に関係があるのが配偶者特別控除と小規模宅地等の特例という2つの控除を使う場合です。

配偶者特別控除とは、配偶者が相続する財産には1億6000万円まで課税されない制度です。また、小規模宅地等の特例とは、自宅の土地などの相続税評価額を80％減額できる制度です。死亡した人と自宅に同居していた親族がそのまま住み続けたり、賃貸住宅に住んでいる別居親族が相続した場合に適用されます。

かなり大きな控除なので、こうした特例を使うと相続税が非課税になる場合があります。

しかし、配偶者特別控除や小規模宅地等の特例を利用するためには、相続税の申告をする必要があります。これらの制度によって相続税が非課税になるからといって、そのまま10カ月が経過するとせっかくの控除が使えなくなり、相続税が課税されてしまいます。

相続税の申告は相続税納税者だけのものではないので、注意しましょう。

04 遺言書の活用は不動産相続トラブルの回避に有効

相続トラブル回避には遺言書が重要

相続でのもめ事の内容や原因は、一つひとつ違います。そのため、解決方法もトラブルの数だけあるといってよいでしょう。ですから絶対的な解決策というものはないのですが、一般的に共通することとして、遺言書を残すことが相続トラブル回避には有効な対策となります。不動産に限りませんが、不動産は価値や権利・公平性が見えにくいので遺言書で権利関係を明確にしておくことがとても大切です。

相続法の改正で遺言書が活用しやすくなった

相続法が約40年ぶりに改正され、順次施行されています。なかでも遺言書が活用しやすくなったのは相続トラブルの回避に役立つと思われます。

遺言書の改正のポイントは2つあります。1つは自筆証書遺言に添付する財産目録がパソコンなどで作成することができるようになったことです。従来は本体も含め、すべて手書きでなければならず、手間が大変でした。

もう1つは、令和2年7月10日から法務局で自筆証書遺言を保管できるようになったことです。従来は自宅で保管されることが多く、紛失、改ざん、本人以外による廃棄、盗難などのリスクがありました。法務局で保管してもらえばこうしたリスクがないだけでなく、相続時に家庭裁判所で受ける検認（遺言書の存在を確認してもらう手続き）も不要になります。また、相続人の1人が遺言書の閲覧や証明書の請求をすると相続人全員に通知が行き、遺言書の存在が明らかになります。

トラブルを防ぐ基本は親族同士の〝心がけ〟

遺言書など相続トラブル対策はいろいろありますが、親族同士のもめ事は結局、感情のもつれが根本的な原因です。そのため、何よりも大切なのは、親族間のコミュニケーションと思いやりといった〝心がけ〟です。

お互いに少しずつ譲り合う気持ちを持ち、お墓を守ってくれる人への配慮、親と同居して面倒を見てくれる兄弟姉妹への感謝の気持ちなどが大切です。こうした心がけをすることによって相続に対する感情のもつれや不信感を和らげ、遺産分割協議をスムーズに進めることにつながります。心がけがベースにあってこそ生前からの準備や技術的な対策がうまくいくのです。

次章からは、主に実家を相続した子供たちが相続トラブルに巻き込まれる背景を指摘しながら、実家相続トラブルの主因になる共有名義と借地権について制度の仕組みとトラブル内容を紹介していきます。

トラブルの種類は数多くありますが、私たちに日々寄せられる相談から典型的なケースを具体的に紹介し、解決策のヒントを探っていきます。相続法の改正についても、その概要と新たな対策として活用すべきポイントを紹介します。

繰り返しますが、解決への道は技術的な知識と親族間の思いやりの醸成です。簡単ではありませんが、この両輪からのアプローチをお勧めします。

第1章

「普通の家庭」でなぜ不動産のトラブルが起こるのか

01 実家を平等・公平に分けるのは難しい

親が亡くなると実家が相続財産になる

不動産の相続トラブルは、ごく一般の家庭でも当たり前に起こります。

序章で紹介したように、相続が発生する高齢者世代の8割以上は持ち家です。親が亡くなれば、子供たちは実家の不動産を相続することになります。

たとえ相続財産に不動産があっても、実家だけならそれほど問題ないと思ったら大間違いです。

不動産相続トラブルは、ビルやマンション、アパートを所有しているような富裕層だけの問題ではないのです。

不動産には分け方がいろいろある

土地などの不動産は、相続人の持分比率が決まっているからといって、単純に持分の比率で土地を分割しても公平にはなりません。例えば、相続人3人（長男・長女・次男）が60坪の土地を3等分すれば20坪ずつになりますが、道路に面している南側の20坪は北側の奥の20坪よりも価値（土地価格）が高くなります。

また、あまり広くない土地を分割してしまうと分割前より価値が落ちてしまうおそれがあります。例えば、20坪の土地は、60坪の土地を3分割したことにより60坪の土地の3分の1以下の価値しかなくなってしまう可能性があるということです。

さらに、土地の上に建物が建っているとそもそも分けられなくなります。土地は分けられても、一体的に使用するものとしての建物を物理的に分割はできません。一般的な家であれば土地を二等分あるいは三等分すれば建物にかかってしまうことが多いでしょう。

このように、不動産である実家を平等・公平に分けるのは簡単ではありません。また実家に住む相続人と住まない相続人の利害調整も必要です。

これらを考慮して相続人全員の合意を経て分割が実現しますが、分割方法も現物分割、代償分割、換価分割という3つの方法があります。3つのうちどの方法を選択するかは個々の事情によって違ってきます。3つの分割方法については、第2章で詳しく説明します。

不動産の評価額もいろいろある

現金・預貯金と違って不動産の価格(評価額)の決め方がいろいろあることも、平等・公平に分けることを難しくする要因です。目安となる土地の評価額には、次ページの図のように主に4つがあります。

価値を現金に置き換えるという意味では「実勢価格(時価)」になります。これは実際に取引されている価格ですが、自分の不動産がいくらになるかは、実際に売ってみないとわかりません。近隣の相場などを参考にして査定することになりますが、複数の不動産業者に査定を依頼しても大きく異なることが珍しくありません。不動産鑑定士に依頼して査定してもらうこともできますが、かなりの費用(数十万円)がかかってしまいます。

「地価公示価格」は、国土交通省が毎年3月に公表している評価額です。全国の約2万6000カ所の調査地点の1月1日現在の価格であり、民間の不動産取引の価格指標として利用されています。公共用地の収用価格の算定基準にもなっています。

また、地価公示価格と同様に不動産取引の価格指標とされるものに、都道府県が毎年9

土地の4つの評価額

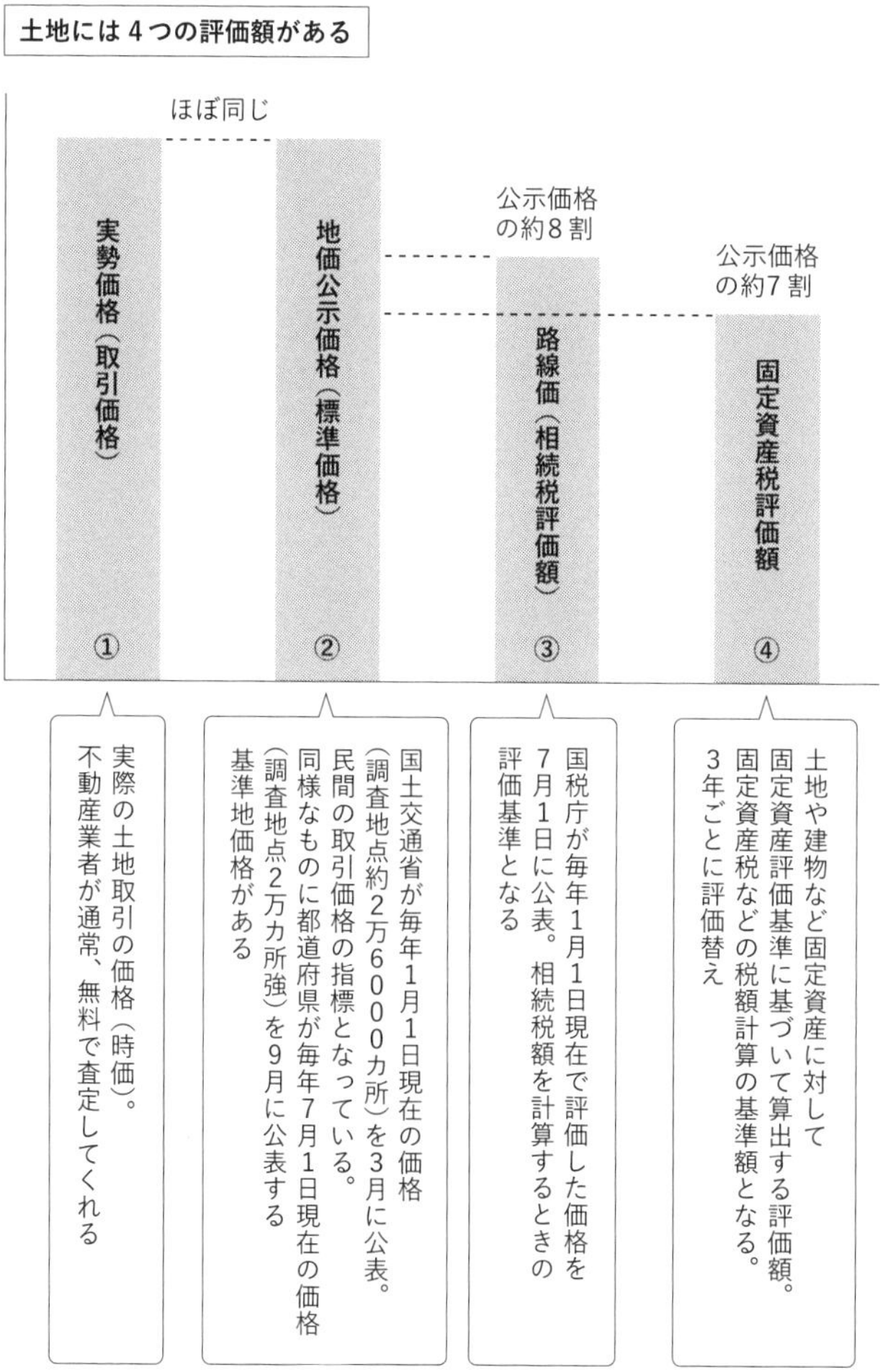
土地には4つの評価額がある
ほぼ同じ
公示価格の約8割
公示価格の約7割
実勢価格（取引価格）
①
地価公示価格（標準価格）
②
路線価（相続税評価額）
③
固定資産税評価額
④
実際の土地取引の価格（時価）。不動産業者が通常、無料で査定してくれる
国土交通省が毎年1月1日現在の価格（調査地点約2万6000カ所）を3月に公表。民間の取引価格の指標となっている。同様なものに都道府県が毎年7月1日現在の価格（調査地点2万カ所強）を9月に公表する基準地価格がある
国税庁が毎年1月1日現在で評価した価格を7月1日に公表。相続税額を計算するときの評価基準となる
土地や建物など固定資産に対して固定資産評価基準に基づいて算出する評価額。固定資産税などの税額計算の基準額となる。3年ごとに評価替え

月に公表している「基準地価格」というのもあります。7月1日現在の土地価格です。地価公示価格と発表時期が半年ずれていることで、地価公示価格を補完する役割があります。

調査地点は2万カ所以上ですが、地価公示価格の調査地点と同じ場所は1割未満です。地価公示価格、基準地価格とも国土交通省のホームページで確認できます。

税金に関わる2つの評価額

相続税計算に使う「路線価（相続税路線価）」は、主要道路に面した土地1㎡あたりの標準価格で、国税庁が毎年1月1日現在の評価額を7月1日に公表しています。相続税・贈与税の課税基準となり、通常、地価公示価格の約8割が目安です。路線価は、国税庁がホームページで公開している路線価図で確認できます。

「固定資産税評価額」は、固定資産評価基準（固定資産税路線価など）より算出された固定資産（土地、建物）の評価額です。これに市区町村が定めた税率を掛けて固定資産税・都市計画税などの税額が計算されます。固定資産税評価額は地価公示価格の約7割が目安で、3年ごとに評価替えが行われます。固定資産税評価額は、毎年の納税時（4月ごろ）に送付される固定資産税課税明細書を見れば確認できます。

これら実勢価格や公的な評価額とは別に、売り主と買い主が同意すれば、どんな価格で売買してもかまいません。相続において、共有名義の実家（不動産）を共有者間で売買する場合には、身内だからという理由で安く売買することが多いでしょう。ただし、あまり極端な低価格で売買すると贈与とみなされ、贈与税が課税されるので注意が必要です。

02
遺産の大小関係なし！相続のあるところトラブルあり

家族の数だけ相続は発生する

現在、我が国では年間130万人超の人が亡くなっています（平成29年約134万人、平成30年約136万人）。このうち相続税の課税対象になった人（被相続人）は、8％超（平成30年8・5％、約11万6000人）ですが、相続自体はすべての人に発生します。身よりのない人を除いて、亡くなった人の数だけ家族・親族は相続に直面するのです。

相続人が複数いると必ずといっていいほど相続トラブルが発生します。家庭裁判所への申し立て件数こそ相続全体の1％程度ですが、ほんのちょっとした不満も含めれば、まったく問題なく円満に相続が完了することはほとんどないのではないでしょうか。しかも、少しの不満でも、相続をきっかけに人間関係が壊れることにつながることもしばしばです。

遺産が少なくても相続トラブルは頻発している

序章で紹介したお話からもわかるように、相続トラブルは遺産（相続財産）の大小とは関係がありません。少ない相続財産でも、もめてしまうのはどうしてなのでしょうか。それは、根底に「身内同士の感情のもつれ」があるからです。

実家のほかに相続財産があまりない場合の一例をあげれば、実家に住む相続人がほぼ受益を独り占めしてしまい、他の相続人は割を食うという構図になりがちです。例えば、相続人3人（長男・長女・次男）のうち親と同居していた長男がそのまま実家に住み続ける場合、長女と次男は何も利益を受けないことになります。

長男は親の面倒も見たし当然だと思っているのに対し、長女と次男は自分たちの権利（相続財産の分け前）が無視されていることに不満を持ちます。たとえ長男が相続財産の現金を少し多めに長女と次男に譲るとしても、「不公平だ」という気持ちを長女と次男は抱きます。

また、親族の交流が昔より少なくなっているのも大きな要因です。実家の親との交流はあっても兄弟姉妹同士の交流は薄い場合などにもめやすくなりました。さらに、長引く不況で少しの遺産でも収入源として期待するようになったという事情もあります。

03
「家中心から個の尊重へ」時代の変化が生む新たなトラブル

戦後も続いてきた家督相続の意識が変化

時代劇では、「お家の安泰こそ当主の最大の務め」「家督を譲る」といったセリフがしばしば出てきます。戦前を舞台とした映画などでも「家長」という言葉が使われます。こうした家を中心とした考え方、長男が代々家を継いでいくという考え方は、時代劇や戦前の話といった過去のものではありません。

実は、戦後になっても家督相続というのは法律で定められた制度だったのです。明治31年7月16日から昭和22年5月2日まであった旧民法には、長男がすべての遺産を相続するのが原則と定められていました。

その後、日本国憲法の理念を反映した新民法のもと、遺産は相続人全員で分け合う制度になりました。しかし、法制度が変わったからといって人の意識まで簡単に変わるものではありません。特に、会社のオーナー経営者から町の魚屋・八百屋に至るまで、家業を持っている人は家業を継がせるという現実的な問題もあります。そこでは相変わらず長男が家業を継いでいくという形態は続いていました。家業を継ぐ必要のないサラリーマンの家庭でも、家を守っていくという意識は残っていました。男の子が生まれることを期待し、男の子が生まれると一族みんなで家の安泰を喜ぶという感覚が普通にありました。

家中心の考え方は、少しずつ変化をしながら現在でも連綿と続いていますが、21世紀に入ると意識の変化がかなりはっきりと見られるようになってきました。家からの解放が人々の内面までようやく浸透してきたといっていいかもしれません。

個の尊重と権利意識の高まりを情報化が後押し

現在の人々の相続の考え方のベースにあるものは、個人を大切にする個の尊重と個人としての権利意識の高まりです。これを裏づける現象として離婚率が増加したことや国際結婚が増えたことがあります。また、専門的な情報が手に入りやすくなったことも意識の変化と行動を後押ししています。

家の意識が薄れてきたのは、家族の形態の変化も大きく影響しています。戦後は核家族化が進んだので、結婚して独立すると自分の家族中心の生活になります。親とは孫の顔を見せに行くという交流があっても、兄弟姉妹との交流は少なくなります。長男自身も親と別居していることが増え、他の兄弟姉妹が実家に行っても長男一家と会うことがないので、長男が兄弟姉妹の中心にいるという感覚もなくなります。さらに、兄弟姉妹の数も少なくなり、実家の親のもとで一堂に会して絆を深める意味も薄くなりました。

こうした親族の身内意識が薄れてくる一方で、自分や自分の家族の権利をしっかり守りたいという意識は強まってきました。家の存続よりも個人としての権利を主張することにためらいがなくなってきています。

権利の主張の根拠となる知識を得やすくなった時代の変化もあります。これは情報化が後押ししているといってよいでしょう。本や雑誌、テレビだけでなく、インターネットで気軽に法的権利や相続ノウハウが調べられるようになりました。素人でも専門的な基礎知識を持てるようになり、権利確保と権利侵害に敏感になってきたのです。

もともと相続は家訓や代々の慣習など家の歴史も含め受け継いでいくものですが、財産の継承だけに関心が強まることで、時代の変化が生む新しいトラブルが増えてきています。

04 不動産が負動産になって敬遠される相続事情

土地は迷惑な相続財産になった

いわゆるバブル経済崩壊前の1980年代までは、土地は時間がたつだけで値上がりしてカネを生む打ち出の小槌でした。ですから現金を相続するより土地を相続することは大変ありがたかったのです。

しかし、不動産は負動産と揶揄されるように、今は相続財産としてすっかり嫌われ者になってしまいました。もちろん、立地がよく便利な場所であれば価値はありますが、都市圏の一部を除いて地価はなかなか上がらないのが実情です。それでも、相続人の誰かが住むのであれば利用価値はあります。問題は相続した実家が空き家になってしまうときです。

空き家になる原因は、人口減少などさまざまなものがありますが、核家族化と雇用の都市集中も大きく影響しています。戦後の高度成長期は田舎から若者が都市に来て就職し、結婚して都市近郊に持ち家を建てました。田舎には働き口が少ないので男の子はみな都会へ出てしまい、女の子も結婚した夫について都会へ出ることになります。そうすると田舎には両親だけが残ることになり、両親が年を取って相続時期を迎えているのが現在です。

親が亡くなると実家は空き家になってしまいますが、都会で自分の家を持ってしまった子供たちは遠方の実家への関心は薄れてきます。空き家を相続しても固定資産税の支払いが重荷になるだけですが、売ろうと思っても地方の実家はなかなか売れません。財産価値も利用価値もない実家は迷惑な相続財産でしかありません。

失われた30年ともいわれる不動産市況の低迷は、「持ち家＝資産」という図式をすっかり変えてしまいました。ようやく都市部でこそ地価の上昇が見られるようになりましたが、地方では過疎化が進んで相続した実家がますます売りにくくなり、空き家として放置されるようになりました。共有名義も処理されないまま所有者がわからなくなっていき、いわゆる「空き家、所有者不明の土地問題」が深刻化しています。いまや全国の所有者不明の土地の総面積は九州の面積を超えるまでになっています。

05 共有名義や借地権が絡んで不動産相続をトラブルに導く

必ず発生し処理がやっかいな実家の共有名義

親が亡くなった時点で、実家は相続人である子供の共有名義になります。遺産分割の話し合いの中で、どう処理していくかが相談されます。しかし、不動産は簡単には分けられないので、もめる原因になります。

相続人が2人以上いれば不動産相続は共有名義とセットになるのでやっかいです。実家と少々の預貯金しかないような家庭でも必ず直面する問題です。共有名義が絡むことでトラブルを生むといっても過言ではありません。例えば、次のような問題が起きます。

・相続人の誰かが住む場合、名義は共有名義のままにするのか

・居住者以外の共有者に対しては居住者から金銭などの支払いをするのか
・居住者が他の共有者から持分を買い取る場合、いくらで買い取るか
・相続人が誰も住まずに売却する場合、いつ、いくらで売却するのか
・相続人全員の意見がまとまらない場合どうするのか

具体的な内容は第2章で紹介しますが、共有名義が絡むことで実家の不動産相続は思った以上に複雑になります。

借地権なら地主との関係も生じる

実家が借地権付き建物の場合、相続人同士のトラブルに加えて地主とのトラブルのリスクも生じます。地主に土地の返還を要求された場合に、どのように対応するかで相続人同士がもめてしまうということもあるでしょう。

借地権を巡る地主が絡む相続トラブルに多くみられるのは、次のようなことです。

・**土地の返還を要求される**

・借地権の売却を地主が承諾してくれない
・建物の建て替えを地主が承諾してくれない
・借地権の名義変更料を要求される
・借地権の買い取りに応じてくれない

06

仲の良い普通の家庭だからこそ準備でトラブルが防げる

「うちは大丈夫！」は例外

相続トラブルは、話を聞いて理解しても、実際の相続が発生しなければどこか他人事になりがちです。テレビのサスペンスドラマなどで設定されるのはたいてい大邸宅に住む資産家一家の相続です。資産を独り占めしようとする次男が長女と結託して長男を追い詰めると、見ている自分は正義の怒りを覚え、めでたく次男たちの野望がついえた結末で喝采するのです。あくまで視聴者ですから、自分には関係のない世界だと思っています。

ところが、家庭裁判所で争うのは、もともと仲が悪くなかった兄弟姉妹も多いという現実があります。しかも、そうした争いは、財産が少ないケースで普通に発生しているのです。背景や理由はさまざまですが、相続をきっかけにして身内同士の感情のぶつかり合いが表面化した結果として起こります。そのため、財産の要求という形は取っていても感情的な要因が大きく影響しています。

家族の仲が良いと、親のほうでも子供の相続トラブルを懸念しないため、相続対策に無頓着になるということもあります。しかし、「うちは大丈夫！」というのは例外だと思うべきです。

思い出がきれいなうちに準備を

いくら仲が良い家族でも「備えあれば憂いなし」という心がけが大切です。仲の良い兄弟姉妹でも相続が起きるころにはどんな事情の変化が起きているかわかりません。相続人本人は変わらなくても、その配偶者が口出ししてもめるケースもよくあります。

相続時になって嫌な思いをしないためには、準備をきちんとしておくことが不可欠です。準備の基本はよく話し合って納得を得ておくことと遺言書を親に残してもらうことです。仲が良いときこそ、相続の話や遺言書の依頼といった「言い出しにくいこと」も進めやすいでしょう。

私のところに来た相談者で、身内の話し合いに疲れ果てていた人がいました。もうトラブルに足を踏み入れてしまった後ですが、「思い出がきれいなうちに決着をつけたい」という言葉が印象的でした。仲の良い日々の思い出が決定的に汚れる前に解決したいという切なる気持ちが伝わってきました。本当は誰でも、好んでもめ事など起こしたくない、もめてしまっても早く終わらせたいと願っているものなのです。

親が天国で泣かないためにも、仲が良い家族だからこそ、思い出がきれいなうちに準備をしておきたいものです。

第2章

「共有名義不動産」は気づきにくく、もめやすい

01 不動産を相続すれば誰にでも「共有名義」問題が起こりうる

共有名義になるきっかけの9割は相続

不動産で共有状態が発生する、つまり共有名義になるきっかけにはどのようなものがあるでしょうか。ひとつには共同購入です。典型的なケースはマイホームを夫婦で共同購入する場合です。また、別荘などを知人と共同購入する場合もあります。

しかし、共有名義のきっかけで圧倒的に多いのは相続によるものです。一般社団法人相続総合支援協会のデータによれば、共有名義が生じるきっかけの89％は相続で、夫婦共同購入は10％、その他は1％にすぎません。

親が亡くなった瞬間、遺産は子の共有財産になる

このように、不動産が共有名義になるきっかけのほとんどは相続によります。しかし、相続のときに共有名義になるのは不動産に限りません。相続人が複数いる場合、親など被相続人の死亡(相続の発生)時点ですべての遺産が共有財産になります。つまり、親が亡くなった瞬間、不動産・現預金・有価証券など親の全財産が、子(相続人)の共有状態になるのです。

共有名義とは共有状態のことですから、共有状態を解消するためには相続人全員で遺産分割協議を行って配分を決め、必要な手続きを行います。現預金などは、遺産分割協議書または全員の印鑑証明があれば、銀行などは引き出しに応じてくれます。各人の名義口座に移行すれば、各相続人の個別財産になります。

不動産の共有名義はわかりにくい

現預金であれば明確に価値がわかります。例えば3000万円の預金を3人で均等に分けるなら1000万円ずつです。分けてしまえば、それで終わりです。しかし、不動産の場合は「持分として3分の1の権利を持つ」という意味になります。「土地の面積の3分の

1を所有できる」という意味ではありません。評価額が3000万円だったとしても、売却後に分配して初めて1000万円という価値が確定するのです。

また、権利を持っていたとしても権利に見合った利益を得ているとは限りません。例えば3人（長男・長女・次男）の相続人のうち長男が相続した実家に住んでいた場合、長女と次男は恩恵を受けていないことになります。通常は、固定資産税は住んでいる長男が負担するとしても、家賃相当分を長女と次男に払っているなどということはありません。たとえ何かしらの対価を払っていたとしても、持分に見合う利益になっているかどうかをはっきりさせることは困難です。

こうしたわかりにくさが、不動産の共有名義特有のトラブルを生みやすくします。また、相続人の子の誰かが死亡していて孫が相続人となっている「代襲相続」が絡む場合はさらにもめやすくなります。例えば、前述の相続人3人のうち長男が亡くなっていて長男の子（被相続人からみれば孫）の2人が相続人となっている場合です。世代が異なる相続人がいると兄弟姉妹だけよりもコミュニケーションは希薄になりがちですし、相続人ではない孫の母（長男の妻）が強く口出ししてくるような場合も多いでしょう。

02 共有名義不動産には3つの制限ルールがある

単独でできることは草むしりや単純な修繕程度

共有名義の不動産に関しては、次ページの図のように、主に同意の必要性について段階的な3つの制限ルールがあります。共有者の1人が単独でできることは非常に限られており、共有者全員の誰にも不利益ならない保存行為が前提になります。保存行為とは、共有不動産の現状を維持するための行為です。

つまり、他の共有者の同意を必要とせず単独でできるのは、不動産の簡単な維持行為であり、具体例でいえば草むしり程度です。雨漏りやトイレ、風呂の修繕なども現状維持の範囲であればできますが、例えば風呂の修繕と一緒に風呂場を広げたりすると保存行為ではなく共有者の過半数の同意を必要とする管理行為とみなされる可能性があります。

共有名義不動産の3段階の制限ルールと同意

「単独」でできること

保存行為
（草むしり、雨漏りの修繕など）

※不動産の現状を維持する行為。
誰も不利益にならないことがポイント。
自分の持分だけなら売却も可

「過半数の同意」でできること

管理行為
（部分的なリフォーム、短期間の賃貸借など）

※大規模なリフォームは変更行為になる。
短期賃貸借であっても借地借家法の
適用を受ける場合は変更行為になる

「全員の同意」でできること

変更行為
（大規模なリフォーム、建て替え、売却など）

※全員の利益に影響する行為
であることがポイント

過半数の同意があれば部分的なリフォームは可能

過半数の同意でできるのは管理行為で、部分的なものであればリフォームは可能です。過半数とは例えば共有者が3人であれば2人、共有者が4人であれば3人ということになります。共有者が2人の場合は、過半数となるには2人の同意が必要ですので、実質的に全員同意となります。

なお、親から子への相続時の相続人（共有者）の持分割合は同じになりますが、その後に持分割合が変わることがあります。例えば、相続人3人（長男・長女・次男）で実家を相続した場合、相続時の持分割合は各3分の1です。その後、遺産分割協議によって長男が6分の4、長女と次男が各6分の1の持分となった場合、長男は単独で管理行為である部分的なリフォームができます。つまり、過半数の同意とはあくまで持分割合（持分価格割合）が基準となるのであって人数が基準になるのではありません。

少しややこしいのは、第三者への賃貸借契約です。他人に不動産を貸す場合に短期間であれば過半数同意の管理行為の範囲とみなされます。建物は3年以内、土地は5年以内であれば過半数同意で他人に貸すことができます。この期間を超えて貸すと変更行為となり、全員の同意が必要となります。

例えば、一時的な資材置き場として敷地の一部を5年以内で貸すことは過半数同意で可能です。建物の例でいえば、単身赴任者の居住用として3年以内で部屋を貸すなどであれば過半数同意で可能になります。

建て替えや売却には全員の同意が必要

不動産の変更行為は全員の同意が必要です。そのため、建物を建て替えたり、売却したりするには全員の同意が必要です。リフォームであっても大規模なリフォームであれば変更行為になりますので、全員の同意がなければできません。

変更行為とは、共有不動産の価値を変える行為ですが、物理的な変更と法律上の変更があります。物理的な変更とは、建物の取り壊しや建て替え、大規模な増改築などです。また法律上の変更とは、不動産の売却によって不動産全体が第三者の所有になってしまうことです。なお、自分の持分だけの売却はこれに含まれません。例えば、3人（長男・長女・次男）の共有不動産で共有者の1人（長女）が自分の持分（3分の1）だけを第三者（他人）に売るのは単独ででき、他の2人の共有者（長男・次男）の同意は不要です。

03 実家の相続を巡って こんな共有名義トラブルが起こる

実家に住んでいる者と住んでいない者の対立

実家の相続で典型的なトラブルは、親の死後、実家に住んでいる相続人と他の相続人の対立です。

例えば、3人の相続人（長男・長女・次男）がいて、実家に長男が住んでいる場合、長男は住んでいるので利益を独り占めしている形になっています。そのため他の相続人との利益の不均衡が生じ、主張の食い違いが出ます。

具体的な事例で見てみましょう。実家の母親が亡くなり、同居していた長男と他の都市に住む長女、次男の3人が相続人になりました。預貯金などの資産があまりなかったため、遺産分割協議で実家は3人が3分の1ずつの持分で相続することとし、3人の共有名義となりました。

特に取り決めはしませんでしたが、その後、固定資産税は長男が払い、他に不動産に関する兄弟姉妹間の金銭のやり取りはありませんでした。長女と次男は家に住む長男が固定資産税を負担するのは当然だと思っていましたし、自分たちはそれぞれ家を構えているので特に長男に金銭的な要求をするつもりもありませんでした。

やがて相続がすんで10年ほどしたとき、次男がリストラにあって転職を余儀なくされました。収入が半減してしまった次男は実家の自分の共有持分が活かされていないことを意識し始め、長男に自分の持分を買い取るか持分に見合う賃料を払うように持ちかけました。

ところが、長男は「お前らに何の負担もかけていないし、固定資産税や家の維持費も俺が全部払っている」と反論してきました。逆に、もうそろそろ固定資産税を3人で負担したらどうかと言い出しました。さらに母親を最後まで面倒見たのは自分たち夫婦だし、長女と次男には父親が生前に住宅資金を援助しているといったことも持ち出してきました。買い取りが希望なら応じるが、身内なんだから相場よりかなり安くしないと買わないとも返答しました。

これに対して次男は、「兄貴は実家に住めたのだから住宅資金もいらなかったし、結婚したとき増築までしてもらっているじゃないか。俺ら夫婦だってできる限り通って介護を手伝ったり、父さんや母さんが入院したときは交代で病院に詰めて看護したりもしている。ちゃんと役割に応じた務めは果たしているのに共有の対価がまったくないのはおかしいだろ」と譲りません。買い取り価格は相場より安くてもかまわないが、ただ同然のような値段に応じるわけにはいかないと言います。巻き添えを食った長女は、今のままでかまわないけど固定資産税を負担させられるのは納得がいかないと困惑しています。

ここでのいちばんの問題点は、遺産分割協議の時点で共有名義の処理について取り決めして文書にしておかなかったことです。次男がリストラで経済情勢が変わったように、相続時点から時間が経過すると環境が変わることによる不満が表面化することがよくあります。特に、実家に誰か住んでいると持分の利益享受がアンバランスになるので、共有名義は住んでいない親族と対立する爆弾を抱えていることになります。

実家の売却を巡る食い違い

実家を売却する場合、全員が合意して第三者に売るケースと相続人の1人が他の相続人から買い取るケースがあります。相続した実家が空き家になる場合は第三者への売却、誰かが住む場合は住むことになる相続人が買い取るのが合理的な処置の仕方です。

第三者への売却は簡単なように見えますが、実は意外とすんなりいかないものです。売ること自体は合意しても、いわゆる「総論賛成、各論反対」ということに陥りがちだからです。共有者間での主な食い違いには次のようなものがあります。

- **売却時期で食い違う**
- **売却価格で食い違う**
- **売却金の分配で食い違う**
- **途中で売却撤回に気が変わる**

例えば、すぐに売ってしまいたいと思っても、共有者の1人がせっかくの親の思いが詰まった家なのだからしばらくはそのままにしておきたいということがあります。また、市況価格が上がってもう少し高くなるまで待とうと主張する共有者がいるかもしれません。

売却価格でも、安くてもいいから売りたい、少しでも高く売りたい、目標とする価格でしか売りたくないなどといった食い違いがよく見られます。

売却金の分配でも均等割りで納得するとは限りません。例えば、空き家を売却したときに空き家の管理をしてきた共有者が少し取り分を多めにしたいと要望することもあります。

当初は売却に同意していても、時間がたつと気が変わることもあります。共有者の1人が売るより貸したほうがいいのではないかと言い出したり、留学から帰国する子供を住まわせたいと思うようになったといった気持ちの変化や状況の変化が起こりえます。

なお、第三者ではなく実家に住んでいる身内の共有者に売る場合でも、買い取り価格でもめるケースが多いのは前述のとおりです。

リフォームを巡る闘い

相続人の1人が実家を活用するために勝手にリフォームしてしまうということもあります。例えば、次のようなケースがありました。

両親が亡くなって空き家になった3階建ての実家を子供である3人の姉妹が相続しました。管理は長女が行っていましたが、場所が人通りのある通りに面していたこともあっていつの間にか1階をリフォームして勝手に喫茶店を始めてしまいました。開店後に知らせを受けた次女と三女は驚いて長女に抗議しました。そのうえで、始めてしまったものはしかたがないが、自分たちにも少し対価を払ってほしいと要求しました。

ところが、長女は「自分は3分の1の持分があるのだから好きに使える権利があるはずだ。だから家賃や売上の一部などの対価は払わない」と主張しました。その代わり、「2階と3階を妹たちがどう使おうと口出しをしないし対価も求めない」とも言います。

ここでのポイントは、1階の喫茶店への改造は部分的なリフォームである「管理行為」になりますので、過半数の同意が必要なことです。つまり、2人の妹のどちらかの同意を得なければなりません。勝手にやったのであれば違法行為となり、妹たちは訴訟による損害賠償請求も可能です。

このような勝手なリフォームは空き家だけでなく、住んでいる共有者が行う場合もあります。例えば、長男・長女・次男の共有名義の実家に長男が住んでいる場合、長男が独断でリフォームしてしまうことはよくあります。長男は共有名義でも自分の家だという意識が強いので、過半数の同意のことなどは頭にありません。他の共有者も見過ごしてしまいがちで、表面化しにくいのですが、過半数同意がトラブルの種であることは同じです。

04 「とりあえず共有」が招くトラブルへの道

無難なので「とりあえず共有」になりがち

相続によって共有名義になったことに、そもそも気づいていないケースも多くあります。親が亡くなっても、たいした価値のある家でないからと親名義のまま放置してしまうのです。相続登記は義務ではなく、罰則もありませんし、期限もありません。

相続人の誰かが住んでいて固定資産税を払っていれば、他の相続人は何も不都合がなく、登記もしないので、自分に共有者としての権利があることにも気がつかないのです。

共有名義であることはわかっていても、不動産は分けにくいので、遺産分割の合意に手間取ることがしばしばあります。そのときに共有のままだと無難なので「とりあえず共有にしておこう」と安易に先送りしてしまうことがよくみられます。

共有名義を解消しないとどんどん共有者が増えていく

共有名義のままにしておくと、子の代、孫の代と受け継がれて共有者が際限なく増えていき、収拾がつかなくなります。次ページの図では、世代を経るに従って、どんどん枝分かれしていくことがわかります。

図の事例では、子の代では相続人が4人しかいませんが、孫、ひ孫と世代を経ていくごとに相続人が増えていきます。各世代の相続人を合わせると、当初4人だった相続人が死亡者を含め16人にも増えてしまいます。ひ孫の代の相続人から見ると、死亡した人を除いても10人の相続人と共有状態になります。血縁が遠くなると会ったこともない親戚が相続人として協議しなければ売ることなどができなくなり、遺産分割協議も困難になります。相続人の中に外国在住者がいたりすると連絡や書類をそろえるのも難しくなります。

このように、放置しておくと実家（不動産）は負の遺産になってしまい後世にトラブルを残してしまうことになります。現在、全国で空き家問題が社会問題化していますが、空き家を取得するきっかけは相続が半数以上を占めており、共有名義で代を重ねていくと収拾不能になるおそれがあります。

世代を超えて拡大していく共有名義

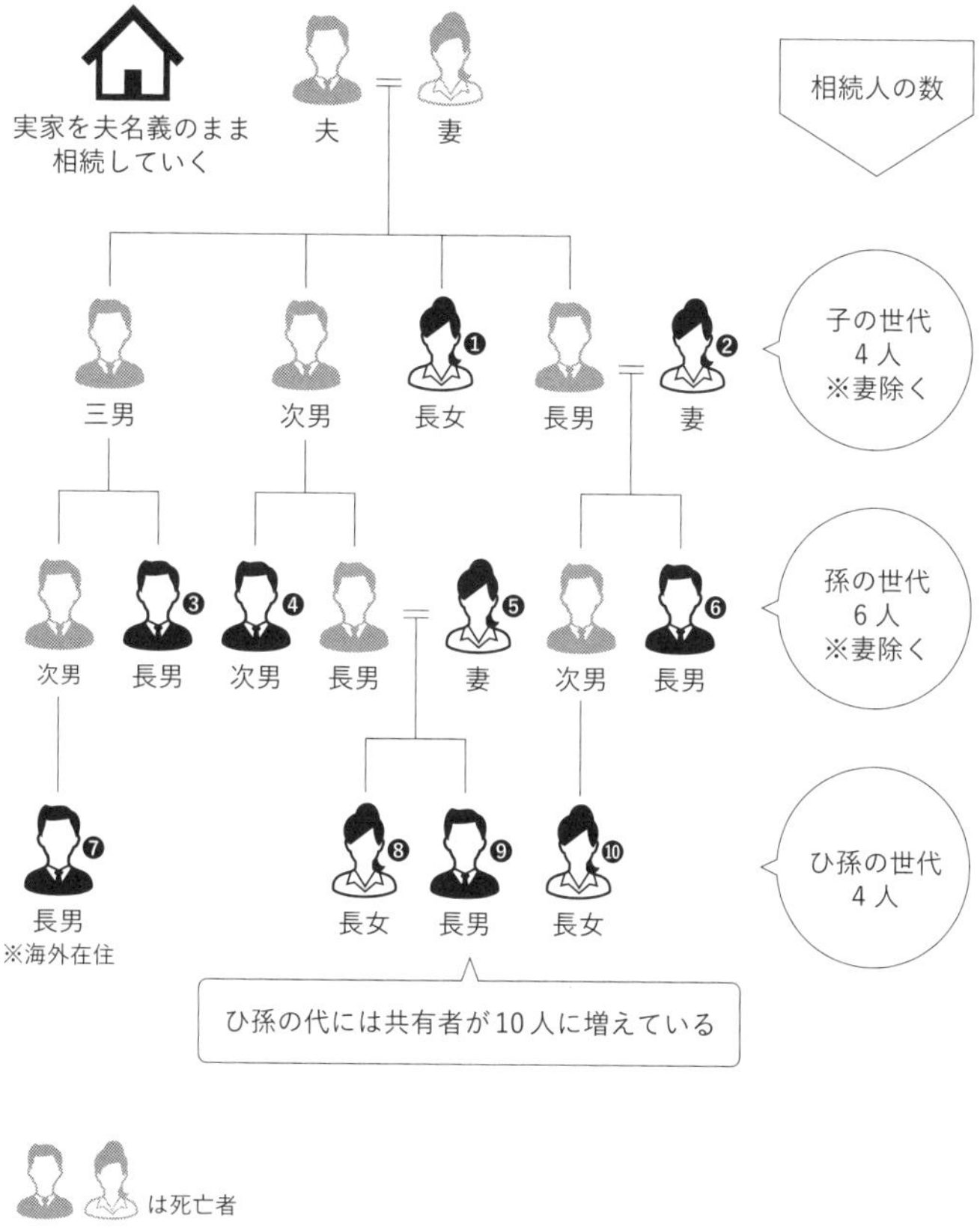

時間がたつと状況は変わる

相続時はそれでよいと思っていても、時間がたっていくと各相続人の事情や気持ちが変わっていきます。

実家が遺産の多くを占めていても、「兄貴が住んでいるなら」「親の面倒も見てくれたし」「空き家だしいずれ売るなら」などといった理由でとりあえず共有になりがちです。重要なのは、そのとき遺産がどうしても必要な相続人がいないので、煩わしさを先送りしているだけであって、権利を保留しているだけだということです。

親の面倒を見てくれた長男に対する感謝も数年もすると薄れてきます。相続人それぞれの事情も時を経ると変化します。売るつもりだった空き家も海外留学から帰った子に住まわせたいと思うようになったりします。順調だった事業が不振になり、まとまったお金が必要になるかもしれません。

こうして「いずれ持分を買ってくれると思ったのに」「そろそろ住んでいる自分に安く売ってくれてもいいのに」といった不満がたまります。相続時に取り決めがなかったり口約束だったりすると確実にトラブルに発展していきます。

05 共有名義のメリットとデメリットを知ろう

不動産購入時には税制メリットがある

相続時とは少し離れますが、共有名義の一般的なメリットとしては税制で有利になります。よくある例は、マイホームを購入するときに夫婦で住宅ローンを組むケースです。

住宅ローンには、「住宅ローン控除」が適用され、年末残高の1％が10年間税額から差し引かれて税金が安くなります。マイホームを夫婦で共有名義にすれば夫婦それぞれの収入に対して住宅ローン控除を受けることができるので、減税額を多くすることができます。

また、マイホーム（マンション含む）を売却するときには、居住用財産の「3000万円特別控除」が適用され、譲渡益（売却益）から3000万円分を差し引くことができます。

なお、対象になるのは居住用財産だけですから、居住を主目的としない別荘などには適用されません。共有名義のマイホームの売却では、夫婦で6000万円分を差し引くことができるため、多くの場合、税金が非課税になります。

また、相続した空き家の実家（マンションを除く）についても、古い建物（昭和56年〔1981年〕5月31日以前に建築）で耐震基準を満たしているなど一定の条件を満たしていれば、被相続人の居住用財産の「3000万円特別控除」が受けられます（令和5年〔2023年〕12月31日までの売却に限る）。

共有名義はデメリットの理解が重要

一方で、共有名義のデメリットも、さまざまなものがあります。

マイホームを売ろうと思っても、共有者の承諾を得なければ売ることができません。夫婦共有の場合、夫や妻が単独で売ることはできません。特に、離婚する状態になったときは、財産分与の問題が絡んできて難航します。複数の友人が共有で別荘を買ったり、相続による共有で共有者が複数いる場合も、全員の署名・捺印が必要になります。

相続のときには、法定相続人に権利が引き継がれるので、共有者が増えていくことがほとんどです。共有名義の扱いを共有者である相続人の間で取り決めておかないと十中八九トラブルに発展します。

費用の面でも、共有名義は単独名義より多くなります。登録費用や住宅ローンの諸費用は、登録する人数分かかります。

買うときは税制にメリットがありますが、ローン支払い中に贈与税が生じるリスクがあります。夫婦で住宅ローンを負担していて、妻が退職して収入がなくなった場合、夫がローンの支払いを肩代わりすると贈与とみなされるからです。

相続時でも市況によって様子見もあり

共有名義の解消は、必ず相続時に行わなければいけないものでもありません。例えば、売却で合意したとしても、2年くらいすれば確実に不動産価格が上がりそうだという場合は、とりあえず共有名義にしておいてもよいでしょう。

ただし、共有名義のリスクを避けるために共有物不分割特約の登記などの対策はしておくべきです。共有物不分割特約とは、共有者全員で一定期間は分割しないという契約を交わすことです。不分割の期間は5年以内ですが、5年経過後に更新は可能です。

また、第三者への売却ではなく相続人の1人が将来買い取って単独名義にする場合は、買い取るまでの間、共有名義にしておくのも差し支えないでしょう。

例えば、実家に住んでいる長男が他の兄弟姉妹の持分を買い取りたいと望んでいるものの、買い取り資金が工面できない場合です。もし、長男が事業を始めて順調に拡大しており、3年後なら資金のめどが立ちそうだというなら、共有名義のままにしておき3年後に買い取ってもらう約束を交わします。

このとき口約束ではなく、合意事項を書面で残しておく必要があります。事業拡大が順調にいかなくなったときのことも書面に入れておきます。

このように、明確に将来の見通しがある場合は、合意事項を書面にしたうえで共有状態を維持しておくことはあってもよいでしょう。

当初の共有名義は感情の潤滑油という役割もある

本書に限らず、専門家は「とりあえず共有名義は危ないよ」と警鐘を鳴らしています。少し意外に思うかもしれませんが、「とりあえず共有名義」が絶対にだめだということではありません。それは、「気持ち的な手続きのプロセス」という効果があるからです。

例えば、3人の相続人(長男・長女・次男)がとりあえず共有名義で相続登記することによって3分の1の持分を実感することができます。これで親の遺産である不動産を均等に受け継ぎ、公平な恩恵を受けたという感謝の気持ちが湧きます。たとえ長男が実家に住んでいて実際の利用状況は公平でなくても、相続登記することで不動産に関してはきちんと3分の1ずつの権利を得たという証しを感じるのです。

これを私流に言わせてもらえば、「気持ちの手続き」ということで、長男が特に親にかわいがられていただとか、末子の次男だけ大学に行かせてもらえたといった過去の不均衡のもやもやを一度リセットできるのです。

こうなれば遺産分割の話し合いもスムーズに運びます。しょせん相続トラブルの根っこは感情のぶつかり合いですから、共有名義にいったんしておくということは、場合によっては感情の潤滑油という効果もあるということです。相談者を見ていると、実は利害の訴えの奥にこうした気持ちの手続きを望んでいる人が多いと感じます。

最終的には共有名義を解消する

とりあえず共有名義はあってもいいですが、どこかの時点では誰かの単独名義にして共有名義を解消すべきです。共有名義を解消するタイミングは事情によって違ってきますが、共有名義にはさまざまな制約のリスクがあることは事実だからです。

これまで述べたように、共有名義には売却などに同意が必要といった制限があるほか、放っておいて世代をまたいでいくとどんどん相続人が増えて持分が細分化していくリスクがあります。

また、共有名義を維持しておく場合には口約束は厳禁です。身内同士だと口約束になりがちですが、将来の共有名義の解消についてきちんとした書面で決めておくことが必須です。口約束だけだと将来のリスクを抱えることになります。書面は必ずしも遺産分割協議書で取り決める必要はなく、兄弟姉妹間の確認書や合意書といった覚書でもかまいません。

のちほど「07」項では、この項で解説した内容を含めて、事例をあげてあらためて解説します。

06 共有状態を離脱する3つのテクニカル

自己持分を売れば自分の利益は確保できる

共有名義を解消する方法としては、次ページの図のように「自己の持分を売る」「他の持分を買い取る」「自己の持分を放棄する」の3つがあります。この中から状況に応じて最適な方法を選択することになります。ここでは、長男・長女・次男・次女の4人がそれぞれ4分の1の持分で共有状態になっている事例で考えてみます。

自己の持分を売るとは、他の共有者または第三者に持分を売ることです。図では長女が第三者に自分の持分を売ることによって共有名義から離脱するケースです。ここで、共有者である長男に売れば、長男が長女から買い取ったことと同じになります。

このように、相続した共有者間で話がまとまらない場合は、自己の持分だけを自由に売

共有名義を解消するための３つの方法

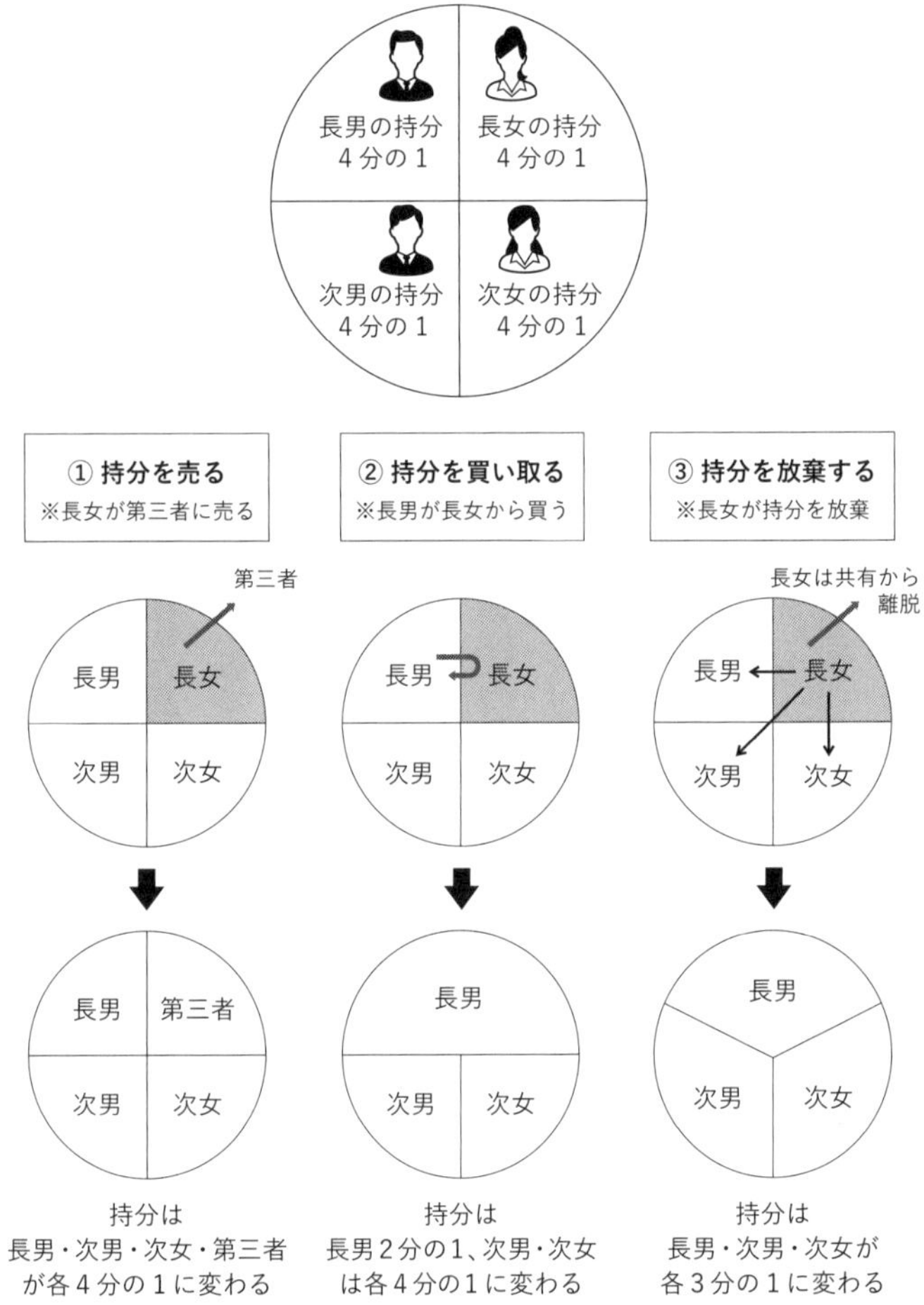

ることができるのです。持分を放棄する場合は、他の共有者に無償で持分を与えるだけになりますが、持分を売却すれば自分の利益を確保したうえで共有状態から離脱し、共有名義を解消することができます。

なお、全員が同意するなら個別に売るのではなく、相続人の1人の単独名義にして不動産全部を売却することができます。もちろんこれがいちばん効率的です。しかし、合意が得られないときでも自分の持分だけは自分で処分できるのです。

自己の共有持分だけを買う第三者はたくさんいる

繰り返すように、共有名義の不動産の場合、単独名義と違ってさまざまな制約や使い勝手の悪さがあります。不動産全体を売ったり、建て替えをしたりするには全員の同意が必要ですし、共有者はそれぞれの事情を抱えていて主張も異なります。そんな不動産について、身内以外の第三者が、共有名義の一部だけを買ってくれるものなのでしょうか。

ずばり言って、買う人はたくさんいます。買うのは、投資家や専門の買取業者です。投資家は投資に見合う利益が得られるなら積極的に買うのです。もちろん、制約の多い共有名義物件は、通常の不動産よりリスクがあるのは確かです。しかし、リスクが高い分だけ通常の不動産投資より儲かる可能性があるのです。ハイリスク・ハイリターンは投資家にとっての購買動機に十分なります。不動産に市場価値がありさえすればよいので、普通に不動産取引が行われているなら全国どこでも地域は関係ありません。

例えば、相続後、兄弟2人の共有名義の実家に兄が住んでいて、弟から安く持分を買い取りたいが、売買価格で折り合わないとします。業を煮やした弟が第三者に自分の持分を売る場合、相場より安くはなるものの、兄の提示した価格より高くなれば売ります。投資家は相場より安ければ買います。

投資家が弟から共有持分を買った後、兄が投資家から持分を買い取ろうとしても、投資家は買い取った価格より高くなければ売りません。兄は単独名義にすることが目的なので、結果として弟が提示した価格よりかなり高い価格で買うことになり、投資家は十分な利益を回収できるのです。また、兄が買い取らない場合、持分相当の賃料を請求して賃料によって利益を得るという方法もあります。

また、兄弟3人（長男・長女・次男）が相続した実家を売ろうということでは一致しても、価格で折り合わないので長女が自分の持分を投資家に売ってしまったとします。投資家は利益を得るために長男と次男に売り出す価格を提案します。それまでは、自分の都合のいい価格しか提案してこなかった長男と次男は、相場に基づいた価格を投資家から提示されて納得します。不動産全体を売却できれば、当然、一部の共有持分より高く売れますから、三者で分配しても投資家は通常の不動産投資より多くの利益を得ることができます。

このように、身内だけでは感情が先行してまとまらなかった売却価格が、第三者が入ることによって合理的な価格で合意し、初めて事態が動き出すということもあるのです。

一方、投資家ではなく専門の買取業者（共有持分買い取りを専門とする不動産業者）もいます。一見、プロの買取業者のほうが高く買ってくれそうな気がしますが、実は逆です。買取業者は商売としてやっているので価格にシビアで、下手をするととんでもなく安い価格で買い叩かれてしまうことがあるので注意しなければなりません。ただ、売却を急いでいる場合は早く買い取ってもらえるというメリットはあります。急ぐ必要がなければ投資家と買取業者の提示価格を比較してから決めるとよいかもしれません。

他の相続人全員から持分を買い取る

相続人の誰かが実家に住んでいた場合に取られる共有名義解消方法がこれです。実家を売却するには共有者全員の同意が必要ですが、個別の持分の売却は共有者単独で行うことができます。実家に共有者の1人が住むなら売却の必要は当面ありませんが、共有名義の解消はしておくべきです。

前述の持分を買い取る図（76ページ）の事例では、長男が長女から持分を買い取って自分の持分を増やしましたが、次男・次女との共有名義状態は依然として続いています。自分の持分を増やしても、共有持分が残っていれば共有名義が抱えるリスクは解決したことになりません。そのため、一度に解消できなくても次男か次女から個別に買い取りを進め、最終的には長男の単独名義にする必要があります。

財産をあきらめていいなら「相続放棄」か「持分放棄」で共有状態から逃れる

「財産はもらえなくてもいいから、とにかくもめ事から手を引きたい」というのであれば、自分の持分を放棄するという方法があります。自己持分の放棄には「相続放棄」と「持分放棄」の2つのやり方があります。

相続放棄は相続開始後（死亡後と考えてよい）3カ月以内に手続きをしないとできなくなりますし、不動産以外の財産も放棄しなければなりません。これに対し、持分放棄であれば期限がないのでいつでもでき、不動産の自分の共有持分だけを放棄すれば他の財産は取得することができます。

持分放棄は、他の共有者の同意は不要なので単独でできますが、登記(持分移転登記)は他の共有者と共同で行う必要があります。登記をしないままだと固定資産税を負担しなければなりません。

持分放棄は贈与ではありませんが、贈与税の対象になります。そのため、贈与税の負担や持分が増えることによる固定資産税の負担増加を嫌って他の共有者が登記を拒む可能性もあります。しかし、登記を拒否された場合には登記引取請求訴訟を起こせば必ず登記が認められるので、登記できなくなるということはありません。

なお、持分の取得費は持分を引き受けた共有者に引き継がれません(持分放棄時の価格が取得費となる)ので、持分を引き受けた共有者が売却するときには税金が安くなる可能性があります。

例えば、持分の取得時(相続時)の価格(取得費)が300万円で、持分放棄時の価格が500万円の場合に、その後資産価格の上昇により600万円で売却できたとします。売却額600万円から取得費を差し引いた額に課税されますが、取得費は300万円ではなく500万円になるので税金が安くなります。

持分放棄は贈与と似ていますが、別物です。贈与は共有者のうちの特定の人や第三者などに与えることが可能ですが、持分放棄は他の共有者全員に持分に応じて振り分けられます。持分放棄分を特定の共有者が引き受けたり、共有者以外の第三者が引き受けることはできません。

持分放棄は、共有状態から離れるひとつの手段ですが、金銭的に何も得られなくなります。その点、自分の共有持分を売ることができれば金銭的な見返りを得ることができますから有利になります。共有者間でもめているなら第三者に売ることもできます。そのため、特殊な場合を除いて共有名義解消の手段としてはほとんど利用されていません。

共有名義を解消するための共有物の分割方法は3つある

共有名義を解消するとき、各共有者への共有不動産の分け方（分割方法）には、次ページの図のように「現物分割」「代金分割」「代償分割」の3つの分け方があります。ここでは、相続人（共有者）は長男・長女・次男の3人とし、実家の共有名義の土地が90坪、評価額（売却額）が6000万円であるとします。建物は古いので価値がありません。

共有名義を解消するための共有不動産の３つの分割方法

事例 相続した 90 坪の実家。不動産評価額は 6,000 万円（建物は価値なし）

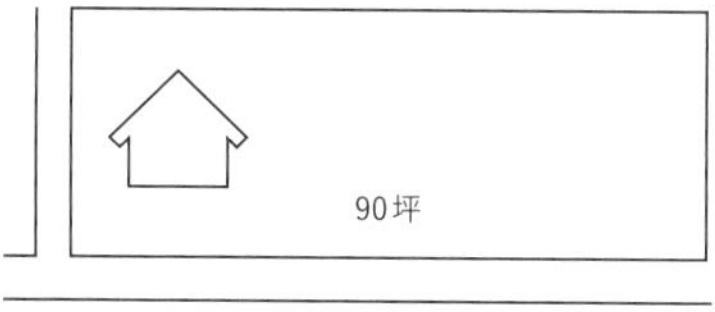

現物分割 土地を分筆

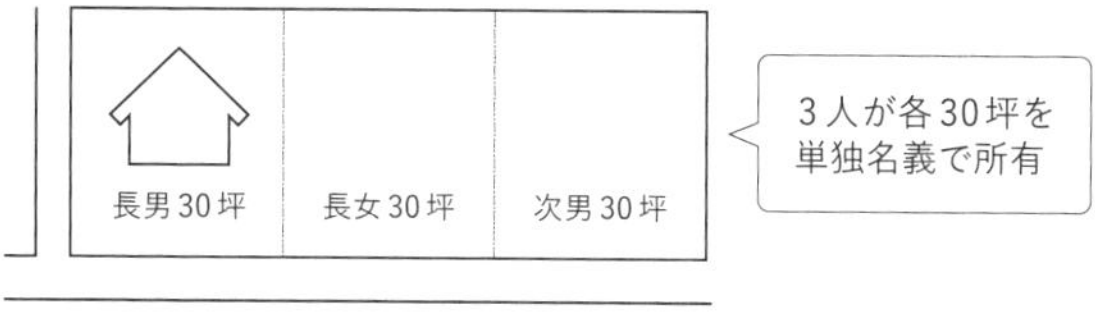

代金分割（換価賠償） 土地を売却して分配する

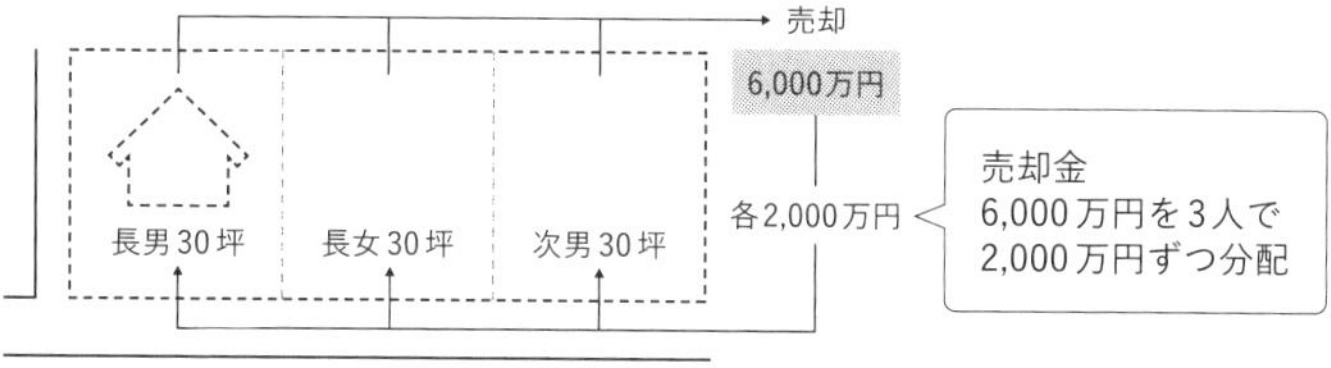

代償分割（価格賠償） 共有者の１人が他の共有者の持分を買い取る

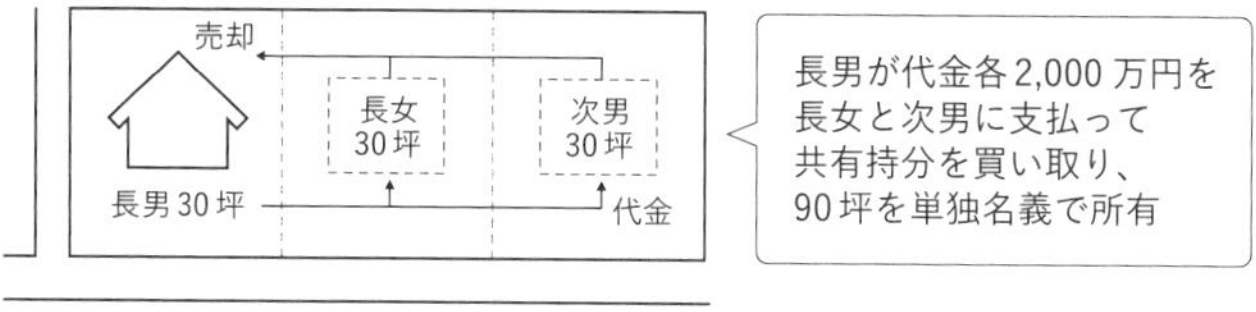

① 現物分割

現物分割とは、不動産そのものを持分に応じて分けるやり方です。共有名義の90坪の土地を、長男30坪、長女30坪、次男30坪というように土地そのものを分筆（区分け）して、3人それぞれの単独の所有物にしてしまいます。3人それぞれの単独名義になるので、土地の処理に関して相続人間の同意などの制限はなくなります。

ただし、どう分けるか（分筆のやり方）については、道路への接し方や日当たりなどを考慮して話し合う必要があります。例えば、角地で実家に住んでいる長男は恩恵を多く受けているので、建物の建っている敷地面積の20坪で分筆し、長女と次男を35坪ずつで分筆して公平性を図るなども一案です。また、分筆は均等でも長男が長女と次男に差額の対価として各250万円を支払うなどの金銭による補償方法も考えられます。

② 代金分割（換価賠償）

代金分割とは、不動産全体を売却し、売却したお金を共有者で分配する方法です。6000万円で売れたとすれば、長男2000万円、長女2000万円、次男2000万円というふうに売却金を分配します。

なお、売却の際にはいったん共有者の誰かの単独名義にしておきます。

③代償分割（価格賠償）

代償分割とは、共有者の1人が他の共有者の持分を買い取って名義を一本化する方法です。全体が6000万円の評価額とすれば、3人の持分割合（3分の1ずつ）に相当する額は各2000万円です。ここで長男が住んでいて自分の名義に一本化したい場合、他の共有者である長女と次男に2000万円ずつ現金を支払い、持分を買い取ります。

分割に応じない場合の最後の切り札は「共有物分割請求訴訟」

共有名義の解消にどうしても応じない共有者がいる場合、最後の切り札として「共有物分割請求訴訟」という訴訟によって解決する手段があります。裁判所に分割方法を決めてもらう申し立てです。

例えば、相続した実家に住んでいる長男が、住んでいない共有者の長女と次男に対して各100万円の支払いで自分に売るように請求し、長女と長男が応じない場合、長男は共有物分割請求訴訟を裁判所に申し立てることができます。

裁判所は判決を出す前に和解案を示して和解を促しますが、協議が不調に終わった場合は、「①現物分割→②代償分割→③代金分割（競売）」の順で検討を進め判決を下します。原則は現物分割ですが、競売になってしまうことがほとんどです。

なお、裁判所は全員の利益の平等性の視点で判定します。申し立て内容の可否を判定するのではないので、必ずしも申し立て内容の方法で判決を下すとは限りません。手順は申し立て内容にかかわらず①から③の手順を踏んで検討されます。

事例のケースでは、まず現物分割が可能かどうかが検討されます。現物分割が難しいと判断されれば、次に長男の提示した各１００万円が妥当かどうかを専門の鑑定人の鑑定により判定します。妥当であればこれを認める判決を下しますが、妥当な価格が高く、長男に支払い能力がないなど代償分割が難しいと判断すれば、最終的に競売による代金分割となります。

共有物分割請求訴訟は和解することもありますが、判決までいくと多くの場合、競売になってしまいます。競売の落札価格は通常の市況価格より安くなってしまうのが一般的です。さらに、裁判は手続きの手間や費用もかかり、判決までに1年や2年かかるのもざらです。たとえ決着しても親族間の心のトラブルまでは解決してくれません。そのため、ここまで至らないうちの解決が望まれます。

なお、「共有物不分割登記」がされている場合は、共有物分割請求訴訟はできません。先にも少し触れましたが、共有物不分割登記とは、共有者全員で一定の期間（最大5年、更新可）を決めて共有者の誰かが自分の持分を売ってしまうことを禁止する契約をして、その内容を明記する登記です。「売却は3年後」などの全員の取り決め事に対する抜け駆け防止策です。

07 共有名義トラブルを解決する7つのパターン

状況によって解決のパターンはさまざま

共有名義のトラブルを解決するのは、共有名義（共有状態）を解消する以外にありませんが、どのように解消していくかという解決のパターンはさまざまです。

私のところに来るいちばん多い相談者は、共有者同士でいくら話し合っても意見が一致せず、「話し合いに疲れ果てた」と音を上げている人です。自分がいくら頑張ってもストレスが増すばかりで、何とかならないかとすがってくるのです。

ここでは、比較的よくみられる7つのパターンの事例を紹介します。同じようなパターンでも事例で示した解決プロセスが必ずしも正解とは限りませんが、ひとつの参考として役立てていただければと思います。

パターン❶ 共有者全員で合意し不動産の全部を売却する（全部売却）

全員が等しく恩恵を受けるという意味では、最もスムーズな解決方法です。空き家で誰も住む予定がなく、活用もしないのであれば理想的な選択肢です。

〈事例〉

父親の死亡後、実家で独りで住んでいた母親が亡くなり、兄弟5人が法定相続人となりました。遺産分割協議書も作成し、持分5分の1ずつで相続の登記もすませました。実家は空き家なので母親の三回忌がすんだら売却することで5人は合意していました。次男は当然のことと思っていたので口約束のまま特に文書は取り交わしていませんでした。

しかし、三回忌の後に長男は売却ではなく他の兄弟の持分の買い取りを提案してきました。弟たちも長男が要望するならと応じることにしましたが、いつまでたっても具体的な話をしてきません。催促しても長男は応じず、このままでは、共有名義の解消ができないので弟たちは困り果ててしまいました。

問題点のポイント

口約束だけで文書を交わしていなかったことでトラブルにつながりましたが、問題の根はコミュニケーション不足にあります。話し合いを深めることによって不信感を拭うことがカギとなりますが、身内同士の感情のもつれはなかなかほぐすのが困難です。

解決策の提案と解決のプロセス

この事例では、弟たちは訴訟を起こすことまで考えているといって相談してきました。しかし、訴訟手続きで費用や時間もかかることから、当方ではもう一度、長男と話し合うことを勧めました。長男と弟たちの間では不信感が生まれてしまっているので、いくら話し合ってもうまくいかなかったのです。そこで、第三者である当方が間に入ることで話し合いが進むようになり、親族間の〝対立〟を避けて最終的に兄弟全員が同意し、裁判に至ることなく売却することができました。

パターン❷ 他の共有者の持分を買い取って単独名義にする（持分買い取り）

他の共有者全員の持分を買い取って自分の単独名義にする解決方法です。実家（共有名義不動産）に住んでいる共有者がよく望む解決方法です。

〔**事例**〕
父親の死亡後、実家で長男家族と同居中だった母親が亡くなり、相続が発生しました。法定相続人は長男・長女・次男の3人で、長女と次男はそれぞれ別の所に住んでいます。共有名義になった実家について3人の主張は次のようなものです。

・長男は、実家を自分名義にしたいと思っており、他の2人から持分を買い取ることを望んでいる。ただし、身内ということで相場よりは安くしてもらいたい

・長女は、自分の持分を長男に売ることには異存はないが、長男の提示価格は安すぎるので、もう少し高く買い取ってほしい

・次男は、実家は売却して売却代金を3人で均等に分けたいと思っている

問題点のポイント

買いたい価格と売りたい価格を一致させられるかどうかがカギです。自己持分の売却を

希望している共有者は適正価格（実勢価格より安くてもよいが、ある程度納得のいく価格）であれば身内に売ってもよいと考えています。一方、他の共有者の持分買い取りを希望しているほうは相場よりできるだけ安く買いたいと思っています。また、主張の違いが感情のもつれに結びつかないように注意することが重要です。

解決策の提案と解決のプロセス

このような主張の食い違いから議論は平行線をたどり、一向にまとまる気配はありません。相談を受けた当方は、まず不動産鑑定士に依頼して実勢価格を明らかにすることを提案しました。共有者は適正な持分価格について知識不足だからです。

次に、当事者同士だとどうしても金額より前に感情が入り込みやすくなります。親族間トラブルは〝ささいなこと〟で根深い亀裂に発展します。ささいなことから過去の兄弟姉妹間のお金の貸し借りや、親から特別扱いされた人間に対する不満がここぞとばかりに湧き起こってきます。こうなると売買価格を冷静に考えることができなくなり、収拾がつかなくなります。

こうしたことに陥らないためには、次のようなことを心がける必要があります。このケースでは、客観的な価格を提示しながら双方の納得を引き出すことでうまく話がまとまり、長男が長女と次男の持分を買い取って共有名義を解消することができました。

- **当事者同士で無理をせず、不慣れな持分価格の算出は専門家（不動産鑑定士）に依頼を**
- **譲り合う気持ちでお互い〝ある程度の価格〟で着地する**
- **当事者同士で話がこじれたら専門業者に間に入ってもらう**
- **勘定（価格）と感情を一緒くたにしないこと**

パターン❸ 自分の持分を他の共有者に売却する（持分移転）

自分の持分を他の共有者に買い取ってもらう解決方法です。パターン2の逆ですが、解決策の進め方はパターン2と同じです。

〔事例〕

父親の死亡後、空き家となった実家を長男・長女・次男の3人で相続しました。3人とも住む予定はないので、遺産分割協議でどうするかを話し合いました。長女は売却して売却金を3人で配分することを提案しましたが、長男と次男は賃貸に出したいと主張しました。後々賃料の配分を巡ってトラブルになることを恐れる長女は、何度も売却を促しますが、説得ができないまま共有名義状態がずるずると続いていました。

問題点のポイント

共有者の中で、不動産を活用したい人と売りたい人がいる場合、全員がどちらかに合わせる必要はありません。活用したい人に売るという方法も選択肢としてあります。ただし、買い取り価格を合意できるかが課題です。双方が歩み寄る気持ちが大切です。

解決策の提案と解決のプロセス

売却を説得できないものかと長女が相談にきましたが、当方は実家の売却が実現できないのであれば持分を相手側に買い取ってもらったらどうかと提案しました。

実家を売ることとしか頭になかった長女ですが、話をしてみると長男は長女の持分を買い取るのはかまわないという意向でした。そこで、当方が不動産鑑定士による持分価格の算出を勧めて客観的な価格が明らかになったことによりようやく話が動き出しました。長男が長女の持分を買い取って次男とともに賃貸に出し、長女は共有状態から離脱することができました。

パターン❹ 自分の持分を共有者以外の第三者に売却する（持分売却）

共有者間でどうしても話し合いがまとまらず、自分の受益分を確保したいときに取る解決方法です。

〔**事例**〕

父親の死亡後、実家を長男・長女・次男で相続しました。実家は1階に長男が住んでおり、2階と3階は空き部屋となっています。遺産分割協議では、2階と3階の処置で意見が分かれました。1階に住む長男はビル全体を自分のモノだと言い出し、長女はどちらでもかまわないので持分を買い取ってもらいたい意向で、独身の次男はビルの3階に住みたいと思っていました。3人の話し合いがつかないまま行き詰まった長女が相談に来ました。

問題点のポイント

長女は、自分の持分を長男か次男にしか売れないと思っていました。そのため、どちらかに何が何でも買ってもらいたいと譲らず、一方で長男も次男も、長女の持分を買い取る気がありませんでした。このようなときに切り札となるのが第三者への自己持分の売却で、多くの場合、共有名義から離脱できる有効な手段となります。

解決策の提案と解決のプロセス

当方は、持分を売却するのは身内以外の第三者へも可能だと説明しました。自分の持分だけを共有者以外の他人に売ることなどできないと思い込んでいる人はたくさんいます。さらに、自分の持分だけの売却には、他の共有者の承諾もいりません。ただ、一部売却では権利に制約があるので、全体売却よりは安くなってしまいます。それでも、十分な価格で売ることができますので、共有名義解消の手段として多く利用されています。

買い手がいるのかどうかも不安に思うかもしれませんが、通常、市場に売り出されている地域の不動産ならまず心配はありません。

不動産の一部だけを第三者に売れることを知った長女は、これ以上、事態の泥沼化を避けるために第三者である投資家に売却することができました。

パターン❺ 自分の持分を放棄する（持分放棄）

自分の受益分の確保にこだわらないときに取る解決方法です。

〔事例〕

父親が死亡して、実家を長男・長女・次男で相続しました。しかし、実家の土地は複雑な形状をしており、どの部分を3人でどう分けるかで話し合いがつきません。長引く協議に嫌気のさした長女は対価はいらないから相続放棄したいと考えるようになりましたが、3カ月はとうに過ぎているので相続放棄はできません。

問題点のポイント

自分の共有持分を放棄する方法には、相続放棄のほかに持分放棄があります。持分放棄であれば相続開始から3カ月を過ぎても行うことができます。持分放棄自体は単独でできますが、持分放棄の登記（持分移転登記）は他の共有者の同意を得て共同申請しなければなりません。贈与税の対象になることにも注意が必要です。

解決策の提案と解決のプロセス

相続放棄は期限（相続開始から3カ月）がありますが、持分放棄には期限はありません。持分放棄はいつでも単独ででき、他の共有者の同意は必要ありません。放棄した持分は他の共有者に持分割合に応じて振り分けられます。

当方は、相続放棄は3カ月の期限が過ぎていること、持分放棄は可能だが、自分の持分だけ売却することも可能だということを説明しました。長女は持分売却だと第三者が共有者となることで兄弟たちとトラブルにしたくないし、自分はお金も入らなくていいということで持分放棄の選択を希望しました。

そこで、当方から長男と次男に、持分放棄の説明と「贈与税はかかるが、今後資産の値上がりが期待できるため、将来売るときには売却時の税金が安くなる可能性が高い」といった話をしました。

その結果、長女は長男と次男の同意を得て持分放棄の登記をしてもらい、共有状態を離脱することができました。

パターン❻ ひとつの土地を複数の土地に分ける（土地の分筆）

家が建っている実家の土地では難しいですが、建物部分以外にある程度の土地（更地）がある場合は、土地そのものを分けてしまう分筆も選択肢のひとつです。

〔事例〕

父親が死亡して、残された実家の60坪の土地を兄と妹で相続しました。父親は遺言書で2分の1ずつの相続を指定していたため、そのとおりに相続登記をしました。その後、兄は実家に住むことになり、建物の建っている40坪分の現物分割を要求してきました。妹は兄の強引な要求に困り果てて相談に来ました。

問題点のポイント

このように建物がある場合は、持分どおりの土地分割が難しい場合があります。現物分割は、等分割りが原則ですが、差額を金銭で払うことによって平等さを保ち、分割部分を増やすという解決方法が取れる場合があります。

解決策の提案と解決のプロセス

このケースでは、2分の1（30坪）ずつ土地を分筆すると建物が両方にかかってしまいます。建物の建っている40坪分の土地を所有しないと使い勝手が悪いという兄の要望はある意味で自然なものです。

ただ、妹としては要望自体は理解できるものの自分だけが一方的に譲って損するのには納得がいきませんでした。もともと相続時点では兄も妹も住む予定はなく、妹としてはいずれ売却するつもりでした。

どうしても話し合いがつかなければ妹が自分の持分だけを売ってしまうという方法もありましたが、当方は、必ずしも等分にしなくても対価をきちんと主張して分筆をし直したらどうかという提案をしました。

当方が間に入ることによって、兄も妹に譲歩する姿勢を示し、10坪分の対価を兄が妹に支払うことで兄40坪、妹20坪で分筆することになりました。その後、共有状態を解消した妹は20坪の土地を売却することができました。

パターン❼ 訴訟で強制的に分割する（共有物分割請求訴訟）

当時者同士でどうしても話し合いによる解決ができない場合に、訴訟を起こし、裁判所の判決により強制的に共有状態の解消を図る解決方法です。

母親が死亡して、残された実家に母親と同居していた長男が住んでいました。相続人はほかに長女・次女・次男です。住んでいない3人は持分の買い取りを長男に求め、買い取らない場合は実家の売却を望んでいました。しかし、長男は買い取りにも、実家の売却にも応じてくれません。やむなく、3人は裁判所に共有物分割請求訴訟を申し立てました。

問題点のポイント

感情によって当事者間の関係がこじれてしまった場合、いくら頑張っても合意することができなくなります。裁判所による調停でも合意はほとんど難しく、最後は強制競売になり全員が損する結果になります。訴訟に至らないように早い段階で取り決めを具体化して書面を取り交わしておくことが大切です。

解決策の提案と解決のプロセス

訴訟による解決は最終手段であり、ここまで来ると円満解決はまず難しくなります。根底にあるのは損得ではなく感情のもつれですから、いくら話し合おうとしても双方ともファイティングポーズを崩そうとしません。

このケースの場合も、最終的には実家は強制競売となり、売却されることになりました。実家の市場価格は4000万円でしたが、3200万円でしか落札されず、全員が損する結果となりました。このように、共有者全員の痛み分けで幕を下ろすしかなくなります。しかも共有名義解消は実現しても、感情の憎悪はずっと引きずっていくことになるのです。

そのため、解決策は訴訟そのものよりも、相続の最初の段階でしっかりと取り決めをしておくことに尽きます。期限を定めて利用形態を決めたり、いついつまでにこの約束が守られなければこうするといった約束事を早い段階で決めて書面化しておくことが大切になります。

08 共有名義トラブルを避けるには事前の対策が重要

できれば親が生きているうちに話をする

相続トラブルを避けるためには、可能なら親子で話し合って決められればそれに越したことはありません。特に共有名義の問題はトラブルのもととなるので、親の意思と子の要望を出し合って方向性を決めておくのが理想的です。

例えば、長男が親と同居しているなら実家は長男が受け継ぎ、他の兄弟姉妹には実情に応じた配慮を行うといったことを決めておきます。不動産に関しては、どんな形にせよ最終的には共有名義を解消するような取り決めをしておくことが重要です。子供同士では主張が対立してうまく話し合えなくても、親の意向ということでまとまるという場合もあります。

遺言書は必ず残しておく

たとえ親子で合意しても、遺言書は必ず残しておくべきです。口約束では、親が亡くなった後、親の意向を証明する手段がなくなります。遺言書は、法律的な強制力を持つという意味で最も有効な相続トラブル回避の具体的手段です。

また、たとえ法定相続分どおりでも遺言書を書くべきです。寄与分（親の看護をしたなど他の相続人より貢献している分）や特別受益（マイホーム資金を援助してもらったなど他の相続人より多い利益を受けている分）の主張でもめることを防ぐためです。自宅以外にアパートなどの収益不動産がある場合には、賃料を兄弟姉妹が均等に受けられるようにあえて共有名義を遺言書で指定しておくと安心です。

認知症対策には遺言書代わりに家族信託の活用も選択肢

高齢化が進んできた我が国では、亡くなる前に認知症になる人も増えてきています。親が認知症になって判断能力を失ってしまうと相続分の分け方の確認ができませんし、遺言書ももちろん書けません。さらに、不動産の取引もできなくなりますから、生前に準備しようと思っても売ることも貸すこともできなくなってしまいます。

認知症への事前対策のひとつとしては、家族信託という制度があります。親の財産の管理を信頼できる家族に託す制度で、委託者（親）と受託者（子）が信託契約を結ぶことによって利用できます。詳しくは第5章で説明しますが、親が判断能力のあるうちに認知症になったときの財産管理について長男など信頼のおける家族を指名しておきます。ただし、受託者は生前の認知症期間の財産管理を行うだけですから、必ずしも相続時に相続財産をそのままもらえるわけではありません。死後の相続で財産を誰に相続させるかは決めておくこともできますから、共有名義のトラブルを防ぐ遺言書代わりにも使うことができます。

相続時には共有名義の扱いを文書で決めておく

実際には、親の生前に遺産の分け方を話すのはなかなかできないのが実情です。遺言書があっても内容が偏っていて、生前に親から確認を受けていなければ、遺留分を主張するトラブルのリスクがあります。

そこで、特に共有名義についてはどの時点でどう共有状態を解消するのかを相続時点で取り決めて文書化しておくことが重要です。共有名義解消をはっきりと決めておくことが共有名義トラブルを事前に防ぐポイントとなります。

Column

遺言狂騒曲

遺言書があればもめ事は起きないかというとそんなことはありません。遺言を巡っては、小説やドラマも顔負けの親族間争いが起こっているのが実情です。トラブルで特に多いのは兄弟姉妹間です。親の意思、遺言書の偽造・改ざん、隠匿などで疑心暗鬼になるからです。

親のいちばん近くにいる子は疑いをもたれやすい傾向があります。親が面倒を見てくれた子に家を全部やりたいと思うことはよくあります。例えば、病気が重くなった親の枕元で長男が「この家は僕がもらってもいいかな。ねえ、いいでしょっ、お母さん！」などと迫ると親は実際にいいと言ってしまったりするのです。当然、相続時に長男は「お母さんは本当に言ったんだ」と主張します。しかし、他の兄弟姉妹は、「聞いてないよ、兄さんが思い込んでいるだけだろ」と認めません。たとえ遺言書があっても長男が母親をそそのかして自分に都合よく書かせたのだと勘ぐります。ここから泥沼の闘いのゴングが鳴るのです。

それでも、公正証書などの正当な遺言書があれば、兄弟姉妹は従わざるを得ません。感情の問題は残りますが、やはり遺言書はトラブルを収めるのに有効な手段です。

第3章

「借地権相続」には誤解がたくさんある

01 借地権のもめ事には地主が絡んでくる

土地と建物の名義が違うのが借地権

実家を相続した場合、多くは土地と建物の所有者は同じで名義も同じです。しかし、なかには、土地を借りて借地権によって実家の建物が建っている場合もあります。通常の所有権と借地権の違いは次ページの図のようになります。

通常の所有権の建物は、土地も建物も所有者は同じです。そのため、土地も建物も制約なく自由に活用したり売却したりできます。一方、借地権とは、建物の所有を目的とする土地の賃借権のことです。そのため、建物は建てた人の所有になりますが、土地は借りる権利だけを有していて土地そのものは地主が所有しています。つまり、借地権によって建物が建っている場合は、建物の名義と土地の名義が違ってきます。

所有権と借地権の違い（戸建て住宅）

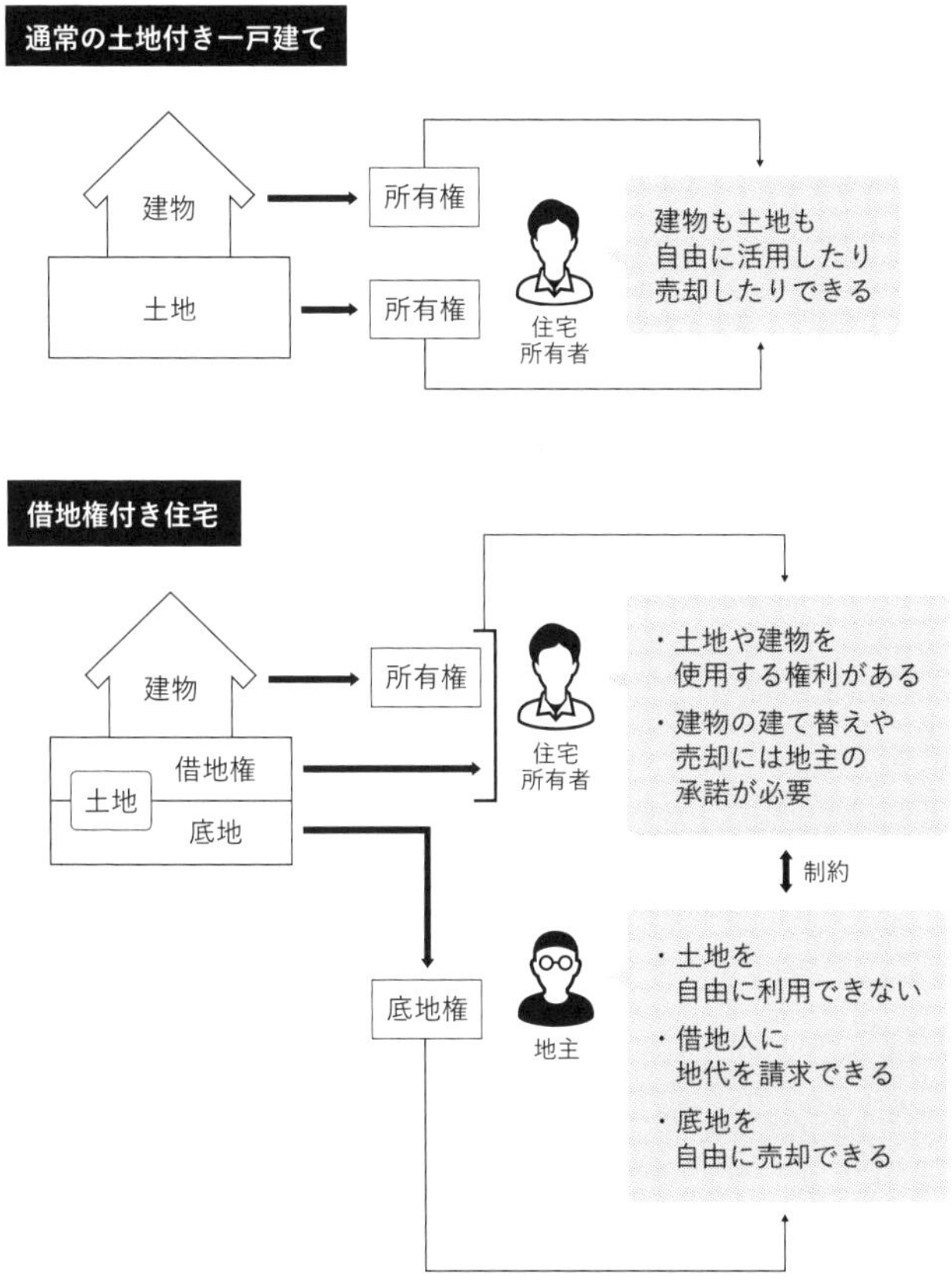
通常の土地付き一戸建て
建物
土地
所有権
所有権
住宅
所有者
建物も土地も
自由に活用したり
売却したりできる
借地権付き住宅
建物
借地権
土地
底地
所有権
住宅
所有者
・土地や建物を
使用する権利がある
・建物の建て替えや
売却には地主の
承諾が必要
制約
底地権
地主
・土地を
自由に利用できない
・借地人に
地代を請求できる
・底地を
自由に売却できる

借地権が設定されている土地のことを「底地《そこち》」と呼んでいます。通常の土地と違うのは、底地を持つ地主には土地を利用する権利がないことです。というのも、土地を使用する権利は借地人が持っているからです。しかし、借地人から地代をもらって収益を得る権利や底地を自由に売却する権利などを地主は持っています。その意味では、地主は所有権の一部である底地権を持っているということになります。

一方で借地人は、借地権によって土地を使用する権利を持っていますが、土地を売却したりする権利は持っていません。建物は借地人の所有物ですが、借地権付きの土地に建っていることから、売却などは底地権を持つ地主の承諾などの制約を受けます。

借地権の相続では地主との関係が発生する

借地権付き住宅は全体の3％程度であまり多くはありませんが、相続した実家が借地権で建てた住宅であるときは、通常の所有権の住宅とは違う問題が生じます。主なものは地主との関係です。借地権付き住宅を相続しても相続自体は地主と関係ありません。しかし、亡くなった親からの契約の引き継ぎ、代替わりに伴う地主からの要求（地代の値上げ、土地の返還など）といった地主との関係が発生し、地主が絡んだトラブルになるのです。

02 借地権の基本的なことを理解しておこう

借地権とは建物を建てるための権利

土地を借りるといっても、借りた土地にすべて借地権が生じるわけではありません。借地権とは、「建物を建てるために地代を払って土地を借りる権利」のことです。ですから、仕切りを区切っただけの駐車場のように、建物を建てる目的のない土地を借りても借地権は生じません。

実家の相続の場合は、家が建っているのですから当然、借地権とセットになっており、「借地権付き建物」と呼ばれます。借地権付き建物は、いわば地主との共有不動産ですから通常の所有権の住宅よりも制約が多くなります。なぜそんな住宅をわざわざ買うのかといえば、建物は居住者の所有なので住んでいる分には通常の持ち家と変わりません。土地は借りているので、当然、買うより安くマイホームが持てます。グレードの高い家を建てたり、便利な場所に家を建てることもできます。これが、借地権付き住宅を購入する最大のメリットです。

借地借家法の改正で共存する旧法と新法

借地権は、平成4年（1992年）に法改正があり、同年8月1日以降の新たな借家契約（改正前の借地の更新を除く）には新法が適用されます。そのため、現在は旧法と新法が共存する状態ですが、改正前の契約で引き続き旧法が適用されるケースが多いのが実態です。実家の相続の場合は、親の代からの契約が続いているので旧法の場合が多いと思われますが、確認しておいたほうがよいでしょう。

旧法は借地人の権利が強く、地主に不利な内容との地主側の不満がありました。1980年代後半のいわゆるバブル経済のときに地代が跳ね上がったことで地主が反発し、これをきっかけに法改正となりました。

新法では、土地の返還を求めやすくするために、大きく2つの制度が新設されました。1つは定期借地権です。一般の普通借地権は更新をすれば半永久的に借りることができますが、定期借地権付き住宅は、50年以上の契約期間を設定し、更新はできません。期間満了後は、更地にして地主に返還しなければなりません。

もう1つは、正当な事由があれば、土地の返還や更新拒絶を主張できるようになったことです。しかし、正当事由は借地人の死亡により空き家になったといったことでは認められずハードルが高いため、実際には機能しづらい面があります。

新法は旧法に比べて地主に有利になりましたが、借地権は借地借家法で守られた借地人の非常に強い不動産の権利であることに変わりはありません。ただ、売却や建て替えなど何かと地主の承諾が必要ということもあり、立場上は地主が有利という実態があります。

借地権のメリットとデメリット

借地権付き建物は一般の所有権付き建物と比べて、どのようなメリットやデメリットがあるのでしょうか。主に次のようなことがあげられます。

〔メリット〕

・通常の所有権付き建物より安く購入できる

・利用価値の高い物件（都市の中心部など）を安く購入できる
・更新を続ければ半永久的に借りられる
・土地の固定資産税を納める必要がない

〔デメリット〕
・地代を払う必要がある
・住宅ローンを組めない可能性がある
・更新時に更新料が必要なことが多い
・建物（借地権）を売却するときは地主の承諾が必要（承諾料を請求されることが多い）
・建て替えや増改築（大規模リフォーム）には地主の承諾が必要（承諾料を請求されることが多い）
・借地権を第三者に売却しにくい

これら、メリットとデメリットの詳細は、次項以降で説明します。

03 借地権の実家相続は普通の実家不動産相続とどう違うのか

身内以外の地主との関係が生じる

借りている土地に建っている実家を相続した場合、建物の所有権だけでなく借地権も相続することになります。つまり、借地権付き建物を相続することになるのです。一般の所有権の実家と違うのは、土地（底地）は地主が所有していることです。

相続自体は相続人だけの問題で、借地権付き建物であっても地主に相続の承諾を得る必要はありません。地主も相続を拒否することはできません。しかし、相続後は地代の支払いであったり、更新手続きだったりと建物を利用するにあたっては、身内だけでなく地主との関係が生じます。このことが、完全な所有権のある一般的な実家の相続とは違う借地権独特の手続きや制約、トラブルを生みます。借地権のトラブルも、相続をきっかけに起こることが非常に多くなっています。

6カ月地代を滞納すると借地権を解除されてしまう

借地権は強い権利に守られているといっても、落とし穴があります。判例理論のうえで、「当事者の信頼関係を著しく害し、信義則に違反するとみなされる場合」という極めて抽象的な基準があるだけで、地代滞納の具体的な「何回」とか「何カ月」とかという基準があるわけではありません。

しかし6カ月程度の賃料の滞納があれば、よほど特殊な事情がない限り解除は認められますし、2カ月分の不払いでも解除を認めた判例などもあります。

相続の代替わりのときは、うっかり滞納が進行しないように注意しなければなりません。

借地権の売却には地主の承諾が必要

借地権の実家を利用するには、地主との関係で通常の実家相続にない「いくつかの制約」があります。代表的な制約が借地権の売却です。

借地権も通常の所有権の土地家屋と同様に、売却することが可能です。しかし、借地権を売却するときは地主の承諾が必要で、相続人が自由に行うことはできません。さらに、譲渡承諾料を請求されるのが一般的です。

譲渡承諾料は名義書換料、名義変更料などとも呼ばれ売却を承諾する手数料です。法的に支払う義務はありませんが、実態としては慣行的に要求されるのが一般的です。賃貸契約のときの礼金のようなものです。金額は取り決め次第ですが、売却価格（借地権価格）の10％程度が目安です。

また、通常の相続不動産であれば共有名義の自分の持分だけを第三者へ自由に売ることができますが、借地権の共有名義の場合、自分の持分だけであっても地主の承諾なしに第三者へ売ることはできません。しかし、第三者への売却は承諾しない地主がほとんどです。地代が今までどおり払われるかなど第三者が入ってくるリスクを懸念するからです。

なお、共有名義の場合、第三者の入らない共有者間での買い取りや売却は、地主との関係において「継続的な信頼関係」は破綻しないと言えるので、地主の承諾は不要です。地主も共有者間の場合には比較的スムーズに受け入れてくれます。

建て替えや大規模リフォームも地主の承諾が必要

借地権の場合、建物の所有者は借地人ですが、建物を地主の承諾なしに自由に変更することはできません。建て替えはもちろんですが、リフォームも大規模なものは地主の承諾が必要です。

なお、建て替えや大規模リフォームの場合には建替え・増改築承諾料を請求されるのが一般的で、更地価格の3％程度が目安です。

また、共有名義の借地権の場合は、第2章で説明したように、建て替えや大規模リフォームは変更行為にあたるので、地主の承諾だけでなく共有者全員の同意も必要です。

更新時には更新料が請求される

所有権の実家と異なり、借地権の場合は地代が発生しますが、契約の更新時（20年とか30年）には更新料を請求されることが一般的です。土地は地主の所有なので固定資産税は支払う必要はありませんが、地代や更新料といった負担があります。

更新料は、借地権価格の5％程度が目安ですが、地域差や地主との関係によっても違ってきます。

土地の評価額が下がるので売却には不利だが相続税は有利

借地権も価値があり買い手もいるので、十分な価格で売ることができます。ただし、所有権のある土地に比べて2～3割程度は安くなってしまいます。一方で、相続税の評価でも通常の土地より2～3割くらい低くなりますので、相続税は安く抑えられます。

相続税は国税庁の路線価を基準に算定されますが、路線価図には借地権の評価割合が表示されています。

04 借地権を相続するときに起こる地主とのトラブル

借地権のトラブルは相続をきっかけに起こりやすい

借地権を巡る地主とのトラブルも、多くは相続をきっかけに起こります。親から子にうまく引き継がれないこともありますが、親の代との関係が子の代になると希薄になるからです。地主との関係がうまくいっていてこそ契約関係もうまくいきます。

借地人の代替わりは地主にとって利益を得るチャンス

地主は持っている土地をできるだけ有効に活用したいと思っています。借地人から地代を得て利益を得ていますが、地代をなかなか上げられなかったり、土地が値上がりして高く売れるようになったりと長い間には利益の効率が落ちてくることもあります。

そうすると、一度借地を返してもらって売却したり、建物を建て替えて賃貸したりするほうが利益が上がると考えます。しかし、借地人は借地借家法で強い権限に守られていて、地主側の都合で地代を上げたり、土地を返してもらうのはなかなか困難です。

こうした中、相続での代替わりは、地主からすれば高い利益を生むチャンスとなります。親が亡くなって空き家になった場合には、相続人である子に土地を返してほしいと申し入れる機会になります。また、相続をきっかけに契約内容を改め地代の値上げも提案しやすくなります。

借地権を売るときには地主が承諾を渋る

相続によって空き家になったり、親が介護施設に入居して入居費用を捻出したいときなどは、借地権を売るという事情が借地人に生じます。借地権を売却するには地主の承諾が必要ですが、地主は見知らぬ第三者に売却することは難色を示すことがほとんどです。

05 地主との借地権トラブル解決の基本的な考え方

基本になるのは地主と借地人との人間関係

トラブルを防ぐ基本は何事も良い人間関係を維持することです。地主と借地人も同じで、親が長い間築いてきた地主との良好な人間関係を相続人である子がうまく継承していくことが最も重要です。そのために、親の存命中から地主と会ったり、親から借地権契約や更新の内容を聞いておくと借地権の相続のときにも地主とスムーズに手続きが進みます。

事前に地主に伝えておく姿勢が大切

相続による借地権の取得やリフォームなど法的に承諾義務のないことであっても、借地権契約に関わる場合には、事前に地主に伝えておくことが大切です。こうした姿勢を見せることによって、地主との関係がうまくいきトラブルに発展しなくなります。

例えば、借地権付き建物を居住用に第三者に貸し出す場合には地主の承諾は不要ですが、心情的なところで地主に事前に伝えておいたほうがよいでしょう。聞いていないと地主は不快に思いがちです。また、相続時には誰が相続するか、地代の支払いはどうなるかなど相続内容も、以後の関係を良好にするために地主に伝えておいたほうがよいでしょう。のちに売却することになってもスムーズに事が運びます。

外壁の塗り替えなどは大規模リフォームではないので地主への承諾義務はありません。しかし、外から目立つので通りすがりに見た地主には大規模リフォームに見えがちです。事前に伝えておけばもめずにすみます。

取り決めは文書で交わしておく

親が地主との取り決めをしていても、合意事項を書面で交わしていないことがほとんどです。仲が良いとか、いつでも応じてくれる関係だとしても、文書で交わしておかないと地主が代替わりしたりするとトラブルの原因になります。

文書がなければ、文書を交わしておくようにしましょう。

06 地主ともめてしまったときの対策あれこれ

専門家に仲立ちしてもらう

地主とトラブルになった場合、当事者同士ではなかなか解決の糸口がつかめません。感情的な立場が正反対だからです。地主は貸してやっているという意識ですし、借地人は長期間借りてやって十分儲けさせているという意識です。

こうした場合は、第三者が中に入ることで話が動き出すことが多いので、専門家（弁護士、司法書士、不動産業者など）に仲介してもらうとよいでしょう。

不要な費用請求を拒否して合意に導く

相続のときには、地主から土地の返還を求められたり、建物の解体を求められたりすることがよくあります。借地人は知識がないので、そのまま無償で返還に応じたり、建物を自分の費用で解体したりします。しかし、借地権はもともと土地の返還は拒否できる制度です。無償で土地を返す必要もありませんし、返さなければ解体費用を負担する必要もありません。何よりも何千万という借地権の売却価値を無償で手放すことになってしまいます。借地権の価値は底地に対してはるかに高くなります。通常物件の価格が5000万円であれば借地権付き建物の価格は3500万円くらいです。このとき底地はせいぜい1000万円か1500万円です。つまり、借地権は3500万円で売却できるのです。いわれるままに土地を無償返還すれば、これをみすみす地主にやってしまうことになります。

こうしたことを専門家を通して交渉すれば不要な費用をかけなくてすむばかりか、借地権の売却により相応の収益を得ることができるのです。交渉によって地主は落としどころを探りながら合意していきます。

等価交換で解決できる場合もある

状況によっては、等価交換が提案できる場合もあります。例えば、50坪の土地の半分側25坪の中に家が建っている場合、家のない25坪は地主に返還し、建物側の25坪は借地人が無償で譲り受けるのです。これでそれぞれが単独の完全な所有権を得ることになります。

公平性からは土地自体を半分にするのではなく、双方の合意で比率を決めることになります。例えば、借地権が底地より価値が高いことによる譲渡税の問題があります。借地権と底地の割合が6対4だとすれば、土地を等分したのでは借地権者が譲渡税を多く払うことになり、地主が有利になってしまいます。この場合、借地権割合を基準にすれば借地人6対地主4で土地を分割すれば譲渡税が公平になります。

借地非訟という「最終手段」を使う

借地権を第三者に売却するには地主の承諾が必要ですが、地主の承諾が得られない場合、借地非訟という申し立てを裁判所に行うことで、地主の承諾に代わる許可を得ることができます。借地非訟は地代の滞納があるとか反社会的勢力に売るといったことがない限り、必ず認められます。ただし、借地非訟は買う側は申し立てられず、売り主しか申し立てられません。もうひとつには、買う契約が成立している（所有権は移転していない）ことが条件です。つまり、買い手を見つけて売買契約ができていなければなりません。

等価交換のイメージ

単純な等価交換

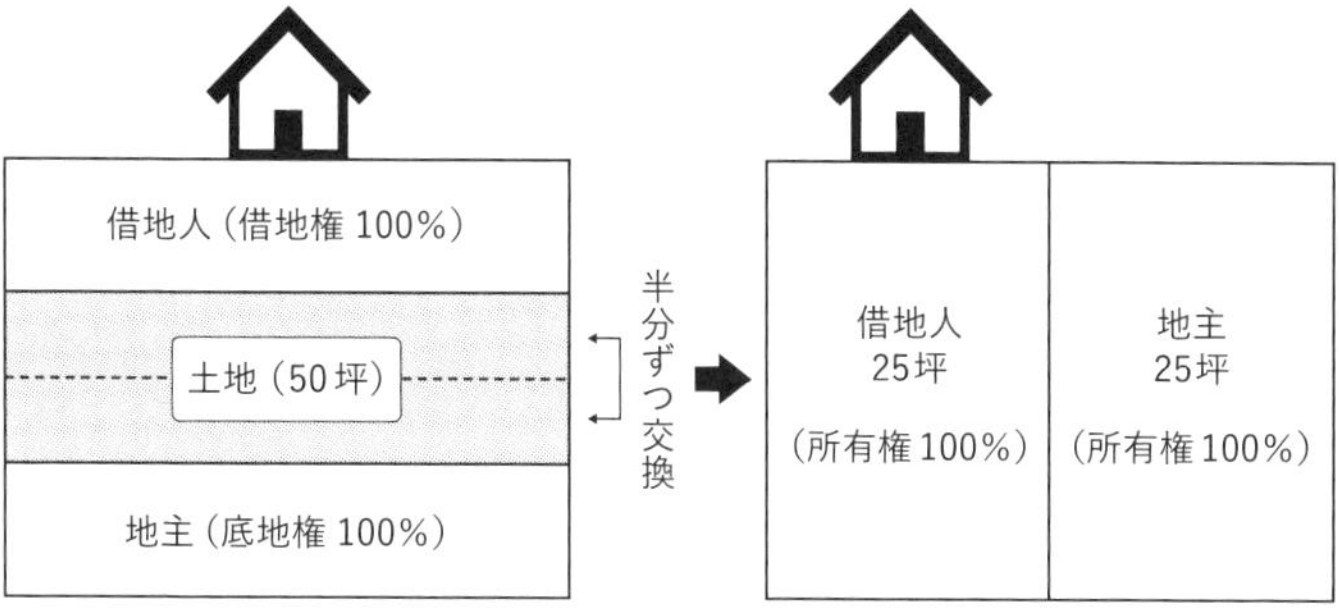

借地権と底地権のバランスを調整した等価交換

◎評価額
土地（50坪）：1,000万円　借地権：600万円　底地権：400万円

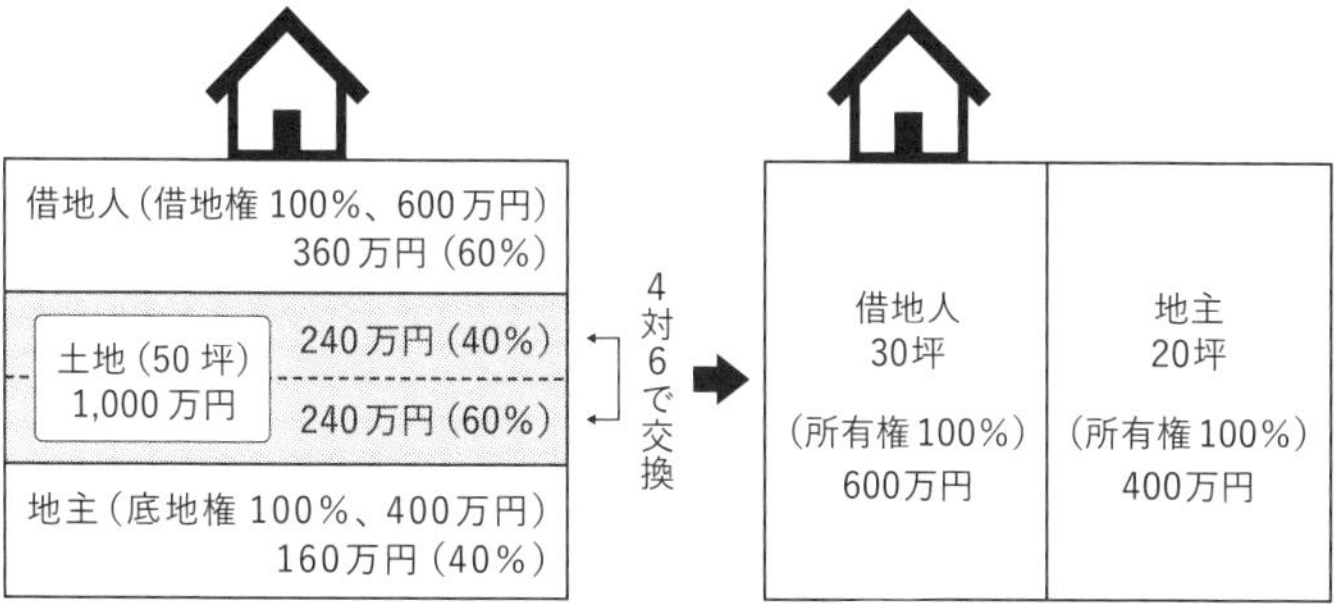

※借地人＝借地権評価額（600万円×60%）＋底地権評価額（400万円×60%）
＝360万円＋240万円＝600万円
地主　＝底地権評価額（400万円×40%）＋借地権評価額（600万円×40%）
＝160万円＋240万円＝400万円
※単純な等価交換では、借地人500万円、地主500万円となり地主が有利

07 借地権の相続で起こる身内のトラブルと回避策

借地権も相続が発生すると共有名義になる

借地権は相続した場合であっても、相続発生時点で法定相続人の共有名義となります（この状態を「遺産共有」という）。共有名義で起こるトラブルは、通常の実家相続と変わりません。つまり、共有名義は最終的に解消する必要があります。

ただし、借地権の場合は、地主との関係が絡んでくるので、トラブルはより複雑になります。

共有名義の問題と地主との問題が同時にある場合は、まず共有名義の問題を解決する必要があります。

借地権では自分の持分を他人（第三者）に売る場合も地主の承諾が必要

通常の所有権住宅の場合は、自分の持分だけを売るのに制約はありません。しかし、借地権の場合は自分の持分だけを売る場合であっても地主の承諾が必要なので注意する必要があります。例えば、共有者が3人（長男・長女・次男）の借地権付き実家に長男が住むことになった場合、長女が自分の持分である3分の1を第三者に売りたい場合には地主の承諾がないと売れません。そのため、共有者間でトラブルがあって長女が単独で売ろうとしても勝手にはできないのです。

一方、共有者同士で売買する場合は地主の承諾は不要です。法律上は、「使用収益の変更」にあたる場合に地主への承諾が必要とされています。長男が長女の持分を買い取って名義変更する分には、長男が住んでいる状況は同じで地主にとって使用収益の変更にはならないので地主の承諾は不要です。このように、通常、親族の共有者間の単なる名義変更であれば地主の承諾は不要です。

では、住んでいない次男が住んでいる長男の持分を買い取って名義変更する場合はどうでしょうか。長男に代わって次男が住む場合は使用収益の変更にあたるので地主の承諾が必要になります。

第三者への売却を利用して持分を売る

3人の共有者（長男・長女・次男）が借地権の空き家を巡って長女が長男と次男に買い取りを求めたとします。譲るならただでよこせ、買ってもいいが安くなければだめなどと身内同士では感情が前面に出てなかなかまとまらないものです。

このとき長女の持分を第三者に売却することによって解決できる場合があります。もちろん、そのまま売るのでは地主の承諾が必要です。しかし、全体の売却ではなく買い取った第三者が家賃などの収益を得ていないなどの条件を整えれば地主の承諾なしに売ることは可能です。

そうすると長女の持分を取得した第三者が買い取りを申し出ると長男と次男は売ることに同意することになります。第三者と長男・次男には身内同士のような感情的なものはなく、身内以外の共有者と共有はしたくないという意識も働くからです。

このようにして第三者が借地権の持分を単独名義にする条件を整えたうえで、地主に承諾を求めます。長男・次男から持分を買い取って全部の借地権を所有する場合には地主の承諾が必要だからです。当然、地主の抵抗が予想されますが、地主が承諾しなければ前述の借地非訟の申し立てにより地主の承諾に代わる許可を得ることができます。

08 借地権契約は避けたほうがよいのか

地主との取り決めを書面で交わしておく

地主との制約が多い借地権ですが、借地権契約を絶対避けるべきだということではありません。借地権は通常の土地付き一戸建てを買うより安い費用で取得でき、立地が便利であるのが一般的です。相続発生時も、相続税評価は通常の一戸建てより安くすみます。

このように、通常の住宅よりメリットもある借地権付き住宅は、問題なく更新を続ければ土地所有の持ち家と変わりありません。そのためにカギとなるのが地主との人間関係です。地主との関係を友好に築きながら、地代や更新料、リフォームなどの取り決めをしっかりと決めておくことです。取り決めは書面で交わしておくことがトラブルを避けるためには必須です。

09 借地権にまつわる疑問解決Q&A

Q1 旧法と新法はどちらが得なのか

A 基本的に借地権が強いのは同じ

新法では地主に有利になったとされ、土地の返還や更新拒絶ができるようになりました。ただし、正当事由がある場合に限られ、よほどのことがない限り正当事由は認められません。借地人にとっては旧法とそれほど変わらないでしょう。

もうひとつの主な変更点として「定期借地権」ができましたが、まだケースは少ないといえます。

Q2 相続で土地の返還を求められたら建物を解体して返さなければいけないのか

A 借地権では、土地の返還に応じる義務はない

借地権付き建物の土地を地主に返す場合は、建物を解体して更地にして返さなければなりません（原状回復義務）。ただし、それは土地を返す場合です。借地権で建物が建っているなら借地借家法によって借地人は地主に土地を返す義務はありません。つまり、相続による空き家、更新時などどんな場面でも地主の返還要求に応じる必要はないのです。例外は、定期借地権の場合で、契約の期間が満了したときには更地にして地主に返還しなければなりません。

よく、土地を返してくれるなら建物の解体費用はいらないなどと地主に持ちかけられて安易に応じてしまうことがありますが、返さなければ解体費用もいりません。

Q3 更地に対する借地権と底地の価格の割合はどのくらいか

A 地域によって違うが借地権のほうが底地よりかなり高い

更地の価格に対する借地権価格の割合を借地権割合といいます。地域などによって異なりますが、借地権割合は50〜60％、東京などの大都市の商業地では80〜90％になることもあります。一般的に地価が高い地域ほど借地権割合も高くなります。「更地価格×借地権割合」で計算される金額が借地権価格の目安です。標準的な指標としては路線価図に記載されている借地権割合が参考になります。路線価図の借地権割合は国税庁のホームページで閲覧できます。

一方、底地は借地権に比べてかなり安く、更地価格の1割か2割程度が一般的です。そのため、地主から土地の返還を求められても借地権の価値を意識して安易に返還しないようにすべきです。例えば、借地権価格が3000万円で底地価格が1000万円の場合、地主が買い取りを申し出ても、そのままなら1000万円とか2000万円といった極端な低価格しか提示してきません。交渉次第で借地権価格に近い価格で買ってもらえるはずです。

Q4 借地権の実家を第三者に賃貸したいが地主の承諾は必要か

A 売却には地主の承諾が必要だが、賃貸であれば不要

借地権付き建物を売ったり借地権を貸す（転貸）場合は、地主の承諾を得なければなりません。勘違いしやすいのですが、借地権付きの建物を第三者へ賃貸で貸し出すのは、建物を貸すのであって借地権を貸すのではありません。建物だけを貸す場合は地主の承諾はいりません。例えば、転勤などで転勤先の地域に引っ越し、一時的に空き家になる場合、戻ってくるまでの間、他人に賃貸で貸すようなケースでは、地主の承諾を得る必要はありません。

ただし、地主との信頼関係を傷つけないためにも、賃貸することの報告はマナーとして地主にしておくべきでしょう。地主に伝えても、地主は賃貸を拒否することはできません。もし契約書に第三者への建物の賃貸を禁止する取り決めがあったとしても無効になります。

Q5 譲渡承諾料、更新料などは支払い義務があるのか

A 法的には任意だが慣行的に支払っているのが実態

借地権付き建物では、地代のほかに譲渡承諾料（売却時）、更新料（更新時）、建替え・増改築承諾料（建て替えや増改築時）などが地主から借地人に請求されるのが一般的です。これらの請求は法律には規定されていないので法的義務はなく任意です。ただし、慣行として一般的に広く行われている実態があります。

そのため、必ずしも払わなければいけないものではありませんが、慣行として定着しているのにはそれなりの理由があります。ひとつには、建物の売却や建て替えなどに地主の承諾が必要なため、地主のほうが強い立場にあることです。譲渡承諾料を払うことによって売却の承諾を得やすくなったり、更新料を払うことによって使い方に口を出されることを防ぐなどトラブル回避の意味があります。

また、地主との信頼関係を築く手段としての意味もあります。こうした手数料を払うことによって地主との関係をよくすることができます。

なお、契約書に譲渡承諾料や更新料の支払いが明記されている場合は、支払う必要

があると考えられます。ただし、明らかに高すぎる金額を請求されたときは交渉して同意できる価格にするべきです。まとまらない場合は法的な手段も可能です。

Q6 借地権の実家を売るのは相続前と相続後のどちらがよいか

A トラブルリスクは変わらないが相続税対策なら相続後が有利

親の生前に売っても亡くなってから売ってもトラブル対策の意味ではどちらがよいということはありません。ただ、相続税のことだけ考えれば相続後の売却のほうが有利です。相続税上の不動産や借地権の評価額は現金より低いからです。そのため、相続税を減らす目的で借地権の生前売却をしない人もたくさんいます。

しかし、親が介護施設に入居して空き家になる場合、借地権を売って入居費用にしたい場合もあるでしょう。また、借地権の売却には地主の承諾が必要ですが、子より親のほうが地主との人間関係は強いでしょう。その意味では、親が住まなくなって相続税が絡まないのであれば、親の生きているうちに売ったほうがよいかもしれません。

Column

借地人vs地主のトラブルは宿命か？

シンプルに考えましょう。地主は高い地代が欲しいし、借地人は高い地代を払いたくありません。このように、地主と借地人は土地に関する利益が相反するのでトラブルが多いのは宿命ともいえます。ただし、実際には単純な利害だけではなく人対人の信頼関係が弱いことによる感情のもつれが絡んでいることがほとんどです。

地主は自分のほうが偉いと思っています。土地を貸してやっているのだから感謝されて当然という意識です。道で出会っても借地人のほうからあいさつがないと気分を悪くしたりします。

一方、借地人は借りてやっているという意識です。何十年も地代を払って地主を儲けさせてやっているという思いです。短期で引っ越す賃貸と違い、自分の持ち家感覚で使っていますから地主からあれこれ言われるのは気に入りません。

こうした感情のもつれを取り除くだけで、多くはお互いの交渉もスムーズにいきます。法制度を振りかざすのも必要ですが、極端にいえば、うそでもいいから道で会ったらお互い笑顔であいさつするのが、いちばんの解決策だといえます。信頼に勝る武器はないということです。

第4章

40年ぶりの相続法改正と実家の相続に与える影響

01 時代が変えた家族・相続の在り方を背景とした相続法の改正

高齢化が相続の在り方を変えた

高齢化社会の急速な進展は、相続の在り方も大きく変えてきました。現在65歳以上の高齢者は4人に1人ですが、2030年には3人に1人になるといわれています。2006年以降は人口も減少に転じました。

人生百年時代ともいわれる現代は、相続開始時点での相続人(特に配偶者)の年齢が従来より高齢化してきました。残された配偶者(妻)は、残りの生涯を過ごす住居と生活費の確保が課題ですが、他の相続人である子との関係が出てきます。長寿化は一方で介護の問題も生みます。母親が実家に住み続けられなくなれば介護施設への入所も必要となり、介護費用の捻出も課題となります。相続ではこうした介護に対する配慮も必要になってきます。

大家族から核家族への流れで家族の意識も変わった

昔は子供が3人以上いるのはごく当たり前でしたが、最近は少子化ということもあり、一人っ子が増えてきました。一人っ子でなくてもせいぜい2人で、3人以上という家族は少なくなっています。また、祖父母も一緒の3世代同居もあまり見られなくなりました。こうした大家族から核家族への流れの中で相続への意識も変わってきています。

実家の相続と家族のつながりも変わった

現在では昔のように、盆暮れ正月に親族が集まることはほとんどなくなり、実家を継いだ長男を中心とした家の考え方が薄くなってきました。親が存命のうちは家族として実家には行っても、兄弟姉妹としての交流は少なくなってきました。

こうした中で親が亡くなり実家の相続が起きても、自分の家族の利益が強く意識されるようになり、相続トラブルが起きやすくなっています。

また、離婚や再婚が抵抗なく行われるようになったことも、家族関係や家族の絆に影響を与えてきています。昔のように離婚や再婚に後ろめたさはなくなり、離婚が増えれば自然に再婚も増えます。

離婚により配偶者の相続権はなくなりますが、子供がいればどちらの親が引き取ろうと相続権はなくなりません。離婚した先妻の子と何十年も音信がなくても元夫の死亡時には先妻の子に相続権があるのです。

再婚の場合は、離別した子のほかに再婚相手の連れ子、再婚相手との間に生まれた子などが絡んできていっそう複雑になります。50歳以上の高齢再婚も増えているためお互いに連れ子がいるということもあります。さらに、国際結婚も増えているので、外国人の配偶者の相続では外国の制度も絡むので手続きが複雑になります。こうした結婚の形態の多様化によってもトラブルは起きやすく、複雑になってきています。

相続関係者の権利を時代に合わせて明確化する法改正

こうした社会情勢の変化と権利意識の高まりにより、法定相続分に従った遺産配分では実質的な公平性を図ることが難しい場合が増えてきました。このような背景を受けて相続関係者の権利を時代に合わせて明確化するために40年ぶりに相続法が改正されました。改正の主な内容と施行時期（実施時期）は左の表のとおりです。

相続法の主な改正項目と施行日

	改正内容	施行日
①配偶者居住権		2020.4.1
改正前	なし。夫の死後、妻が居住の確保と十分な生活資金の確保ができない	
改正後	最低でも6カ月間は無償で家に住み続けることができる(配偶者短期居住権) 妻は遺産分割で配偶者居住権(所有権は他の相続人)を取得することにより、他の遺産である現金(生活資金)を確保しながら自宅に住み続けることができる	
②夫婦間の居住用不動産の贈与		2020.7.1
改正前	妻に生前贈与した自宅の持分は夫の死亡時に特別受益として遺産に加えられる 遺産の妻の取り分から特別受益が差し引かれる	
改正後	結婚期間20年以上の夫婦間であれば、特別受益とならない 夫の遺産には加えられないので、妻は取り分が増える	
③預貯金の払戻し		2020.7.1
改正前	遺産分割終了までは、遺産である預貯金の払戻しができない	
改正後	遺産分割終了前でも遺産である預貯金の払戻しが一部できる	
④自筆証書遺言の緩和		2020.1.13
改正前	遺言書を本人がすべて手書きしなければならない	
改正後	財産目録はパソコンなどでの作成も認められる	
⑤自筆証書遺言の保管制度		2020.7.10
改正前	自筆証書遺言は、法務局で預かってもらえない	
改正後	自筆証書遺言も希望すれば法務局で預かってもらえる	
⑥遺留分制度の見直し		2020.7.1
改正前	遺留分は持分としての権利で金銭債権ではない そのため遺留分を侵害されても金銭による請求はできない	
改正後	遺留分は金銭債権とされる そのため、遺留分を侵害された場合、金銭による請求ができる	
⑦特別寄与		2020.7.1
改正前	相続人以外に特別寄与は認められない 嫁(長男の妻)が姑(義父)の介護をしても遺産の請求はできない	
改正後	相続人以外(親族に限る)でも、特別寄与が認められる 姑の介護をした嫁も特別寄与分の遺産請求ができる	
⑧遺言と登記の優先性		2020.7.1
改正前	遺言で指定すれば、登記が後でも法定相続分を超える分の権利を主張できる(遺言優先)	
改正後	遺言で指定しても、 登記を先にされてしまうと法定相続分を超える分の権利が主張できなくなる(登記優先)	

02 残された配偶者を守る「配偶者居住権」と「贈与優遇措置」

残された妻は自宅に住み続けることができる

今回の改正の大きな目玉となっているのが、配偶者居住権の新設です。配偶者居住権を取得すれば、亡くなった被相続人（夫）の配偶者である妻は生涯自宅に住み続けることができます。改正前と改正後の違いは次ページの図のようになります。

残された妻は、住み続ける自宅と生活費が必要です。妻と子で遺産分割した場合、妻の法定相続分は2分の1ですが、自宅を取得すると預貯金の取得分が少なくなり、十分な生活費が確保できなくなるおそれがあります。そこで、自宅は配偶者に居住権（配偶者居住権）、子に所有権（負担付き所有権）とし、配偶者が自宅をすべて取得しなくても住み続ける権利を得るようにしたのです。

配偶者居住権のしくみ

事例

遺産：6,000 万円（自宅 3,000 万円、預貯金 3,000 万円）
相続人：配偶者（被相続人の妻〈子の母〉）、子（被相続人と妻の子）
配偶者居住権割合：2,000 万円
負担付き所有権割合：1,000 万円

改正前 法定相続割合で遺産分割し、母が家を相続する場合

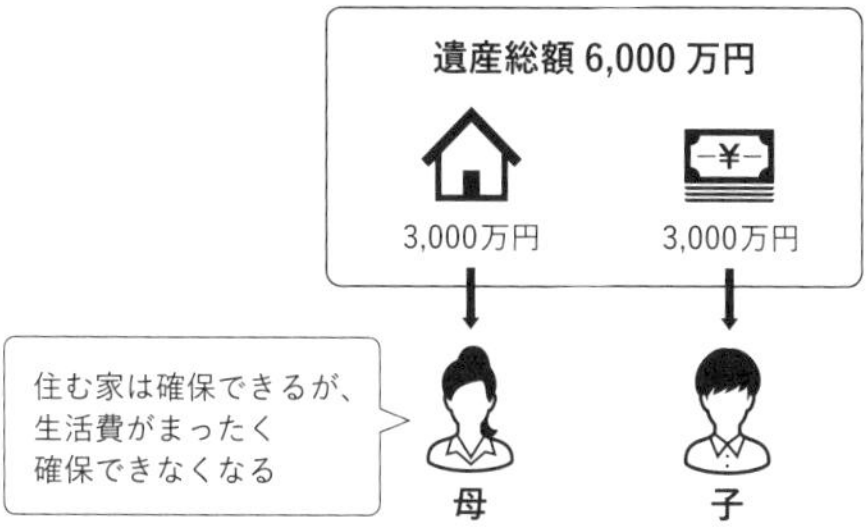

改正後 母が配偶者居住権を設定

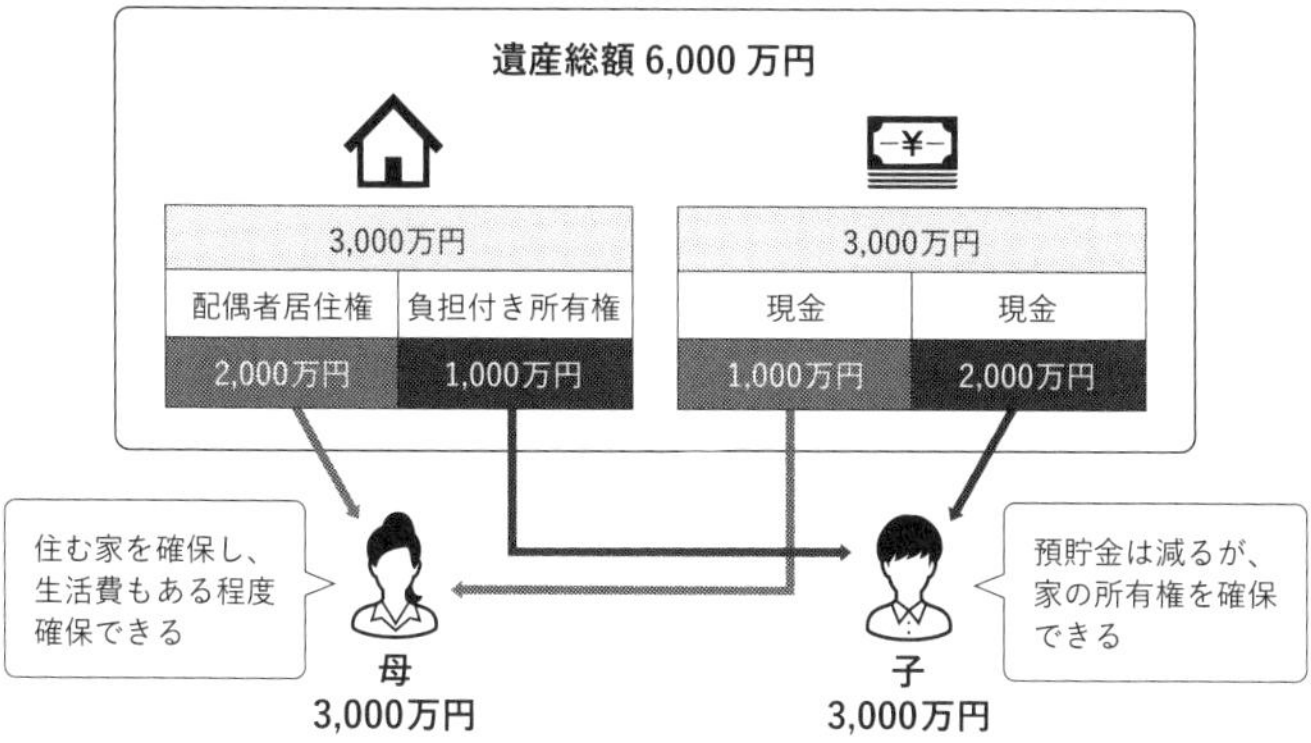

例えば、自宅が3000万円、預貯金が3000万円の遺産総額6000万円で、子と母（故人の配偶者）が法定相続分ずつ分け合うと各3000万円です。この場合、母が自宅を取得すると子が預貯金3000万円をすべて取得することになり、母は生活費としての預貯金をまったく確保できなくなります。そこで、配偶者居住権を設定すれば預貯金の一部を取得しながら住み続けることができます。

自宅3000万円のうち、配偶者居住権が2000万円、負担付き所有権が1000万円とすれば、母は「配偶者居住権2000万円＋預貯金1000万円」、子は「負担付き所有権1000万円＋預貯金2000万円」で法定相続分どおり各3000万円を取得することになります。

配偶者居住権を得るには相続登記が必要

配偶者居住権は自動的に生じるわけではありません。相続が発生した後、相続登記で配偶者居住権を登記して初めて有効になります。遺言書や遺産分割協議で配偶者居住権を取り決めてあっても、登記をしないうちに子が勝手に売ってしまえば配偶者居住権を取得することはできなくなります。

配偶者居住権の登記は所有権（負担付き所有権）者と共同で行う必要があります。遺産分割協議がまとまらないで息子や娘（負担付き所有権者）に登記を拒否されるおそれもあります。拒否される心配がある場合は、生前に父（被相続人）が配偶者居住権を母に与えることを遺言書に書いておくと子供たちは登記を拒否できません。

なお、配偶者居住権は終身でなく期間を定めることもできます。例えば、介護施設に入る予定を決めておけば介護施設に移った時点で配偶者居住権を解除することによって、自宅を通常の不動産物件として売却し、介護費用にあてることができます。また、配偶者居住権は配偶者の死亡によって消滅するため、相続させることはできません。親の配偶者居住権の消滅により、子は負担付き所有権から通常の所有権になり、売却・建て替えなどが自由にできるようになります。

逆に、配偶者居住権は、住む権利だけしかないので、負担付き所有権者の許可なく家を売ったり賃貸したりすることはできません。配偶者居住権そのものも売却できません。

遺産分割が遅れても最低6カ月は配偶者の居住が保障される

夫が亡くなって遺産分割協議がまとまらないと家の帰属が決まりません。こんなときは、配偶者を保護するために配偶者短期居住権が認められるようになりました。家の帰属が決まるまで配偶者は無償で住み続けられます。最低でも6カ月間は保障されることになっています。配偶者短期居住権と区別するために、通常の配偶者居住権を長期配偶者居住権と呼ぶこともあります。配偶者短期居住権の場合は登記は不要で、相続発生と同時に自動的に権利が発生します。

また、家が第三者に遺贈されたり、配偶者が相続放棄した場合にも建物の所有者の消滅請求を受けてから6カ月間は配偶者短期居住権が認められます。

結婚期間が20年以上あれば贈与で妻の遺産を増やせる

夫が妻に家を残すため、生前に自宅を妻に贈与しても、相続時には遺産の先渡し（特別受益）として相続財産に含められてしまうため、結局相続時の遺産総額は贈与しなかったときと同じになっていました。

法改正後は、結婚期間が20年以上たっている夫婦間であれば、贈与分は相続財産から差し引かれるため妻の相続遺産を増やすことができるようになりました。贈与分は非課税ですが、贈与の非課税対象は最高2000万円（基礎控除110万円を除く）までです。

例えば相続財産が生前贈与2000万円を含めて8000万円だった場合、そのままだと妻の法定相続分は半分の4000万円から生前贈与分を差し引いた2000万円になってしまいます。

しかし、この特例を適用すれば相続財産は生前贈与の2000万円を除いた6000万円になります。そのため、妻の法定相続分は3000万円となり、遺産額を1000万円増やせることになります。

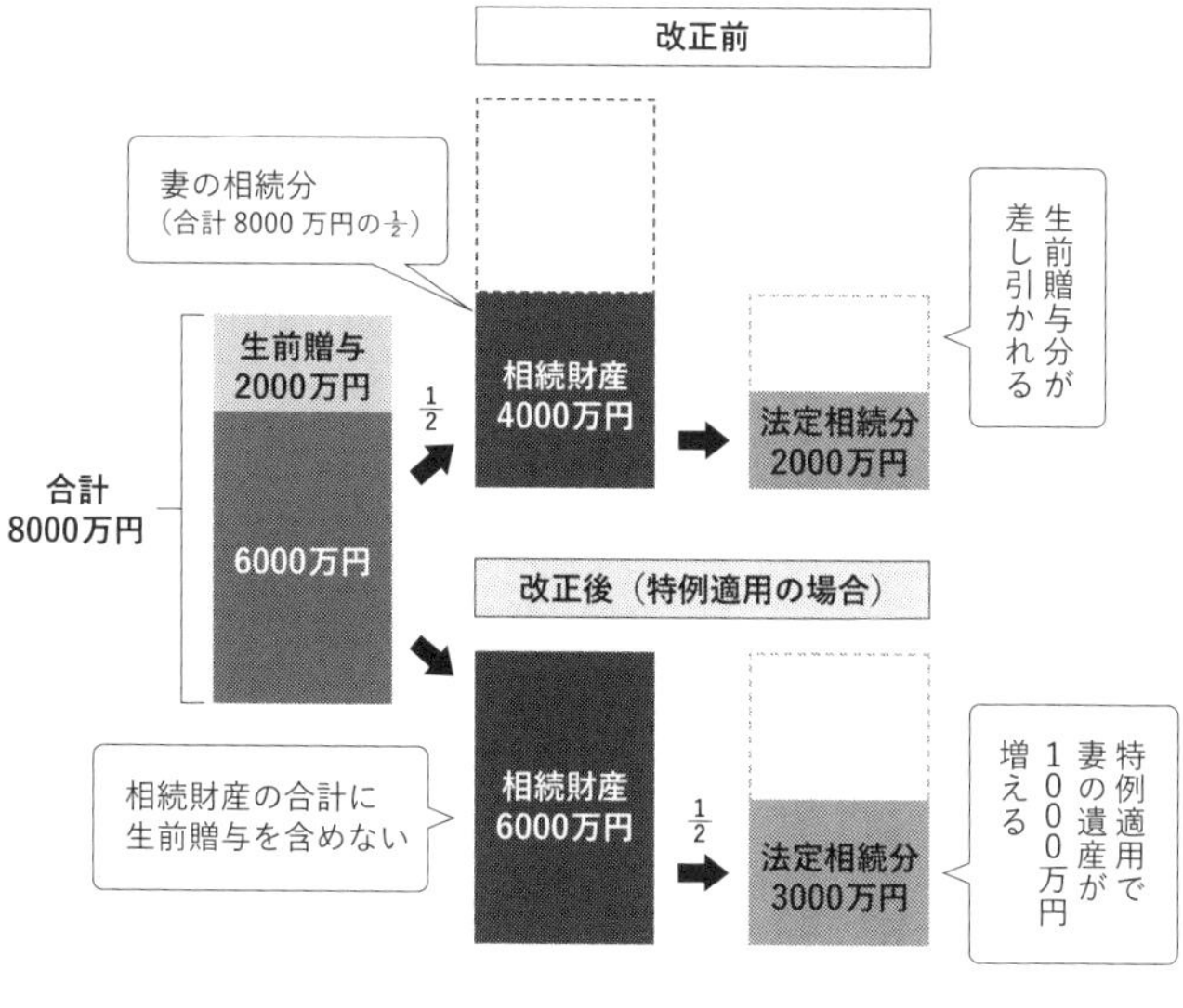

特例の適用有無による違い

03

遺言書が法改正で書きやすく、安全に保管できるようになった

非常に少ない遺言書の利用

遺言書は、相続トラブルを防ぐきわめて有効な手段ですが、ほとんど活用されていないないのが実態です。年々増えてはいるものの家庭裁判所で行われる遺言書の検認（確認手続き）から推測すると、死亡者のうち遺言書があるのはせいぜい1%強程度しかありません。

次ページの表に示したように、遺言書には主に3つの種類があります。

①自筆証書遺言

遺言者が自筆で書いて作成する遺言書です。自分で気軽に作成でき、費用もほぼかからないため最も一般的に利用されています。故人の遺品整理をしていて遺書が見つかったと

遺言書の種類と特徴、法改正事項

遺言の種類	自筆証書遺言	公正証書遺言	秘密証書遺言
作成方法	本人が遺言の全文・日付・氏名を自書（パソコン、代筆不可）し、押印する ※法改正により財産目録はパソコン等での作成や通帳のコピー添付も可となった	本人と証人2人で公証役場に行き、本人が遺言内容を口述して公証人に記述してもらう	遺言内容を記載（パソコン、代筆も可）して自署・押印・封印し、公証役場で存在を証明してもらう
証人	不要	2名以上	2名以上
検認	必要 ※法改正により、法務局で保管する場合は不要	不要	不要
開封	封印がある場合は家庭裁判所で相続人等の立ち会いのもとに開封	開封手続きは不要	家庭裁判所で相続人等の立ち会いのもとに開封
メリット	・費用があまりかからない ・遺言の存在と内容を秘密にできる ※法改正により、法務局に保管している場合は、死亡後に遺言書の存在を法務局に確認できる	・原本は公証役場に保管なので安心 ・遺言の存在と内容を明確にできる	・遺言の存在を明確にでき、遺言内容を秘密にできる
デメリット	・紛失や偽造・変造、要件不備のおそれがある ※法改正により、法務局で保管すれば回避できる	・自筆証書遺言に比べ費用がかかる ・遺言内容を秘密にできない	・自筆証書遺言に比べ費用がかかる ・公証役場で保管してもらえない ・紛失や要件不備のおそれがある

※1. 検認とは、相続人に対して遺言の存在と内容を知らせ遺言書の要件を家庭裁判所に確認してもらう手続き

※2. 上記は通常の普通方式遺言だが、危篤時などに認められる特別方式遺言もある

いう話がよくありますが、この場合の遺書は自筆証書遺言です。

自筆証書遺言は手軽に作成できる半面、遺言内容のほかに日付と氏名を自書し押印するという形式を守らないと無効になります。作成日を確定できるように「×3月吉日→◯3月10日」といったように書き方のルールに不備があると無効になってしまいます。訂正方法にもルールがあります。

また、遺言書の存在を相続人が知らなかったり、盗難・紛失したりするリスクがあります。他人による偽造や変造のおそれもあります。

自筆証書遺言は、相続が発生して遺言を実行しようとするときには家庭裁判所で検認手続きが必要となります。検認は遺言書の偽造や変造を防止するための証拠保全手続きであり、遺言内容の有効性を確認するものではありません。

②公正証書遺言

公証役場で作成して保管してもらう遺言書です。遺言者が証人2名の立ち合いのもとで口述した内容を公証人が筆記して作成します。プロの公証人が書いてくれるので書き方の不備で無効になる心配はありません。原本は公証役場で保管されるので、偽造・変造、盗難・紛失の心配もありません。検認の必要もありません。

さまざまなリスクは低く最も確実ですが、他の方式に比べ費用は最も高くなります。

③ 秘密証書遺言

遺言者が遺言書を封筒に入れて封印し、証人2名とともに公証役場に持ち込み、遺言書の存在を証明してもらいます。証人と公証人には遺言の内容を公開する必要がないので、遺言書の内容が秘密にできることが特徴です。

作成は署名と押印以外はパソコンで作成したり、他人に代筆してもらうことができます。費用がかかると同時に検認も必要です。公証人役場で保管はしてもらえないので持ち帰って保管する必要があります。実際にはほとんど使われていません。

自筆証書の遺言書が書きやすくなった

遺言書も相続法改正の目玉のひとつですが、主に自筆証書遺言の決まりが緩和されて作成しやすくなりました。

改正前はすべて手書きで作成しなければなりませんでしたが、財産目録についてはパソコンなどでの作成も認められるようになりました。通帳のコピーの添付も可能になりました。財産目録をパソコンで作成した場合には、各ページに署名・押印する必要があります。財産目録以外は、引き続き手書きで作成しなければなりません。

自筆証書遺言も法務局での保管が可能に

自筆証書遺言は保管上のリスクがありますが、前述したように、法改正により法務局で保管する制度が新設されました（令和2年7月より開始）。これによって、希望すれば法務局で保管してもらえるようになり、法務局で保管した場合には偽造・変造、盗難・紛失の心配がなくなり、検認も不要になりました。

遺言者の死亡後は、相続人などは遺言保管所（法務局）で遺言書が保管されているかどうかを調べて遺言書保管事実証明書を交付してもらったり、遺言書の写しの交付を請求（遺言書情報証明書）したりできます。遺言書の閲覧も可能です。

遺言書の閲覧や遺言書保管事実証明書などの交付がされると他の相続人などに遺言書を保管していることの通知が行くことになっています。そのため、1人の相続人が遺言書の存在を他の相続人に隠していることはできません。

04 遺留分制度が見直され遺留分を金銭で請求できるようになった

【改正前】遺留分でもめると共有状態になっていた

遺言書に相続財産の相続人への配分が指定されていたとしても、相続人が最低限取得できる持分が遺留分です。例えば、遺言書に相続財産6000万円（実家不動産5000万円、預貯金1000万円）のうち、長男5000万円、長女と次男に各500万円と書かれていたとします。この場合、法定相続分は相続人3人で各2000万円になります。遺留分は法定相続分の2分の1ですから、各1000万円となります。

このケースでは長女と次男は、長男に遺留分の差額として各500万円を請求することができます。もし、長男が遺留分の差額支払いを拒否して、長女と次男が遺留分減殺請求（遺留分の不足分を取り戻す請求）を申し立てると、相続財産は全部が共有状態になってしまいました。実家不動産（土地と建物）も3分の1の持分の共有名義になっていました。

【改正後】遺留分の金銭請求が可能になり共有名義解消がやりやすくなった

遺留分減殺請求は持分の現物返還請求ですので、金銭による返還請求はできませんでした。前述の事例で遺留分の不足額500万円を金銭で返還することは可能ですが、現物持分か金銭かの選択肢は長男にしかありませんでした。現物で返還された場合は、共有名義（共有持分）は解消されません。法改正後は、遺留分減殺請求に代わって遺留分侵害額の請求（遺留分侵害請求）となり、遺留分を侵害された額に見合う金銭を請求できる権利に改められました。つまり、遺留分は金銭債権になったので長女や次男は現物の6分の1の持分ではなく、500万円の金銭を支払うように長男に請求できるようになったのです。金銭債権（貸し金）ですから、長男が応じなければ実家不動産を差し押さえて売却金で回収することも可能です。遺留分の金銭債権化により、遺留分を侵害された側から共有名義を解消することができるようになったのです。

なお、相続開始から10年経過すると時効で遺留分侵害請求はできなくなります。ただし、遺留分侵害を知ってから1年以内に請求すれば時効はなくなります。

05 「預貯金の払い戻し制度」と「相続人以外の特別寄与」

遺産分割前でも故人の預貯金が引き出せるようになった

相続が発生すると故人の預貯金があっても原則として遺産分割協議が終わるまでは使えなくなってしまいます。しかし、葬儀費用の支払いや残された妻の生活費などいろいろなお金が必要になります。

法改正により、相続人が単独でも一定割合までは故人の預貯金を引き出すことができるようになりました。ただし、ひとつの金融機関からは150万円またはその金融機関の自分の相続分の3分の1のうち少ない額が上限になります。

特別寄与分が相続人以外にも認められた

特別寄与分とは、故人（被相続人）に対して生前に特別な寄与をした人に、法定相続分以上の取得分が認められる制度です。典型的な例に被相続人の療養看護があり、病気の看護と老親の介護が該当します。しかし、特別寄与分を請求するには単純に親と同居して病気の看護をしていただけでは認められません。通常の同居生活と区別できることが必要で実際にはなかなかハードルの高い制度です。

法改正の背景となったのは、特に長男の嫁などが義父を献身的に介護していたのにもかかわらず相続財産の分配もなく、特別寄与にも関係しないという実態があったからです。長男の嫁は義父が亡くなっても相続人にはなれませんから相続財産の分配を受けられません。さらに、特別寄与は相続人にしか認められませんでした。

法改正では、相続人ではなくても、親族で特別寄与分がある場合は、相続人に対して特別寄与分を請求できるようになりました。ただ、特別寄与分の認定がなかなか認められないのは改正前と同じで、特別寄与分の取得自体がやりやすくなったわけではありません。

06

法改正後、今なお残る相続の問題点

社会の変化に追いついていない法制度

相続法の改正は、家族の在り方や人の権利意識など社会の変化に対応するためのものでしたが、まだまだ法律が変化に追いついていない面があります。

高齢化で特に夫を失った妻（配偶者）に対する生活保障のための改正が目立っています。配偶者居住権や20年以上の配偶者に対する贈与優遇などです。しかし、配偶者居住権も子との関係が悪いと配偶者居住権の登記前に売却されてしまう危険があります。第三者に売却された場合、母親は住み続けられなくなってしまうおそれがあります。

また、母親が病気や介護の必要性から介護施設に入居しようとしても、入居資金の捻出が難しくなる場合もあります。配偶者居住権のある住居は売却しにくいからです。

このような場合は、配偶者居住権を設定したことで、かえってやりにくくなってしまうのです。

相続では依然として認められない事実婚

法改正で置き去りにされているのは事実婚の相続です。相続人がいない場合にのみ、特別縁故者として内縁の妻の相続が認められるだけです。配偶者居住権にしても、事実婚である内縁の妻には認められません。現在は、結婚しても入籍しない人はたくさんいます。しかし、相続に関する限り入籍しなければ恩恵にあずかることはできません。

最近では、同性のカップルも社会的に認知され始めました。形にとらわれない意識が世の中に広がっている中で、一部行政では同性のパートナー制度があってパートナーシップ証明書を発行したり、医療の告知を家族以外に認めたりしています。民間でも携帯電話の家族割を家族以外にも認めるなどの動きが広がっています。

実際、私のところにも、パートナーシップ証明書があるので住宅のペアローン（夫婦収入合算でより多くの金額を借りることが可能）を組めないかといった同性カップルが相談にきたことがありました。しかし、残念ながら当然のごとく組めませんでした。

もちろん、一部の金融機関などで少しずつ取り扱いが増えていますが、まだまだ法が整っていなかったり、使いにくかったりするのが現状です。

法改正で、特別寄与が相続人以外にも認められたことは前進ですが、特別寄与自体が認定されにくく、実際に機能しないという実態は今後も変わらないと思われます。

Column

配偶者居住権は「どら息子」対策？

相続法の改正で配偶者居住権が導入された世知辛い要因のひとつに、親子間トラブルが増えてきたことがあります。あろうことか、息子や娘が父親が亡くなった後、1人残った母親を実家から追い出そうとするのです。理由はさまざまですが、要するにお金が欲しいからです。例えば、資産価値のある土地に建つ実家なら、そのまま売ったり、古い建物を建て替えて賃貸に出すという活用ができます。そのためには母親に出て行ってもらわないといけません。

一方、母親は高齢でもあることから住み慣れた実家を離れたくはありません。母親が出て行かないとなると息子はありとあらゆる手段で嫌がらせしてきます。共有名義の自分の持分を売ってしまうかもしれません。しかし、配偶者居住権が設定されていれば母親は住み続けることができます。ただ、配偶者居住権は登記しなければ効力が生じません。しかも、所有者となる息子と共同で登記しなければなりません。親子仲が悪ければ息子に拒否されるおそれがあります。そうならないためには、夫が生前に遺言書で配偶者居住権の遺贈を記しておくことで防ぐことができます。配偶者居住権はどら息子対策ともいえるのです。

第5章

将来の実家の不動産相続のためにやっておきたいこと

01 残された家族が仲良く暮らすために

円満のベースになるのは〝心がけ〟

相続トラブルを回避するには、必要な手続きを事前に進めていくことが有効です。例えば、相続財産を把握したり、遺言書を作成したりといったことです。

しかし、前述のように、相続でもめる根底には、「身内同士の感情のぶつかり合い」があるのです。いくら遺言書を書いたり、取り決めなど手続き的なことを整えたりしても、お互いが気持ちよく納得していなければうまくいきません。相続をきっかけにして互いの主張と不満がぶつかり合い、関係を悪化させることになりかねません。つまり、残された家族が円満に相続をすませ、以後も仲良く暮らしていくためには、お互いを思いやる〝心がけ〟がいちばん大切だといえるのです。

このように、相続トラブル回避には「手続き的な対策」と「心がけ」の2つが重要ですが、手続き的な対策は、心がけによって良好なコミュニケーションが取れていることで相続時にスムーズに機能し、相続後の親族間の関係に禍根を残さずにすみます。

心がけに必要な6カ条を意識しよう

世の中の傾向として、個人がどんどん主張するようになっています。そのこと自体はよいことなのですが、ともすると自分ファーストに陥ってしまいがちです。

相続でも同じで、自分の権利はしっかり要求するために親族間での利害がぶつかり合い、感情が絡んで調整を難しくしています。現金のように分けにくい実家の不動産はなおさらもめる要因になります。こうしたことを防ぐには、相続人全員ファーストに目を向け、「みんなは1人のために、1人はみんなのために」という心がけを常に持つことが大切です。そのための心がけの目安を次の6カ条にまとめてみました。

① 相続人になる人は少しずつ譲り合う心を持つ

② 遺産分割に相続人以外の人を入れない

③ お墓を守ってくれる人にはそれなりの配慮を
④ 生前贈与は公平・平等を基本とする
⑤ 親の介護負担は兄弟姉妹みんなで均等に
⑥ 親と同居している兄弟姉妹には感謝の気持ちを！

自分の正当な権利をしっかりと主張できるようになったのはよいことですが、権利を100％獲得するのが最善とは限りません。兄弟姉妹は距離も、経済力も、かけられる時間や手間も異なるのでそれぞれの主張がありますが、何でも均等分割でないと納得しないのではまとまりません。事情によっては自分の取り分を譲歩することによってお互いにハッピーになることもあるのです。

例えば、昔の話（最後は一生懸命介護したかもしれないが、昔はそうでもなかった）を持ち出さずに、介護した人には感謝を表すことが大切です。こうした気持ちがあれば、少々自分の取り分を削っても、最後に親の介護をしてくれた人に報いてあげようという納得感が湧いてきます。また、実家に住む長男も、自分は実家をもらうのだから預貯金は弟や妹に多めにあげようという気になります。

遺産相続に当事者以外が口を出さないことも肝に銘じて徹底すべきです。特に、相続人の配偶者が口を出しがちですが、アドバイスではなく入れ知恵になって、ほとんどはトラブルの引き金になってしまいます。今は嫁が夫の実家のいいなりにならないのでいざこざやぎくしゃくが多くなったことも相続に介入してくる要因になっています。

もうひとつ忘れてはならないのは、相続とは財産だけではなく、家の歴史も受け継いでいくことです。そう考えればお墓を守ってくれる人に感謝し、譲る気持ちも出てきます。

相続トラブルを防ぐための対策手続き

お互いを思いやる心がけを持ったうえで、手続き的な対策もしておく必要があります。仲が良いときこそ、手続きもスムーズになり相続の方針や内容が具体的に見えて安心です。今、仲が良くても経済的に厳しくなるなど事情が変われば、人の気持ちが変わることは珍しくありません。

事情に合わせて調整をしていくのは当然ですが、残念ながら感情的な対立が解けなくても手続きによる歯止めは必要です。

事前にやっておきたい相続対策の手続きとしては、親の生前には財産の把握や遺言書の作成があります。介護状態になったときの備えとして家族信託や成年後見のことを考えるのもよいでしょう。相続手続きも概要だけは知っておいたほうがよいでしょう。

専門家への相談や依頼で気をつけたいこと

相続トラブルが発生したときは、当事者同士では解決が難しくても、専門家が仲立ちすることによって解決に向かうことも少なくありません。また、トラブル前でも専門家に相談してアドバイスをもらったり、必要な手続きをしておくことはトラブル防止に有効です。税金関係なら税理士、不動産の評価額なら不動産鑑定士（大まかな把握なら不動産業者の無料査定利用でもよい）、遺言書などの書面作成なら司法書士、法律的な判断なら弁護士といった専門家がいます。もちろん費用はかかりますが、トラブルになったときの損害を考えれば、結果的に費用の面でも安くなり、手間や時間の面でも効率的です。

ただ、専門家を選ぶときは得意分野をよく確認する必要があります。特に、相続にはほかにない専門性が要求されますので、相続に精通している専門家でなければなりません。税理士にしても、法人税や所得税に強くても、相続税はほとんどやったことのない税理士もいます。他の専門家も同じです。とりあえず、ホームページなどで相続に強いことをアピールしていれば、相続に関する知識や対応に期待ができます。ただし、広告だけで鵜呑みにするのではなく、実際の対応を見ることも大切です。もちろん、「お客さまのため」という基本精神で対応してくれる専門家もたくさんいますが、自分の儲けのほうに頭が先にいく専門家も一定数いるのが実情です。

判断はなかなか難しいものがありますが、基本的な目安は結論をせかさず、わかりやすく具体的な説明をし、依頼者の話を丁寧に聞いてくれることです。例えば、税理士の場合、依頼者に合った具体的な課税のシミュレーションと分析をして、疑問に対してもごまかすことなく丁寧に答えてくれるなら信頼がおけるでしょう。

裁判しか提案してこない弁護士も要注意です。弁護士にとっては裁判になったほうが儲かるからです。依頼者も弁護士とは裁判を仕事としている人という先入観がありますから、簡単に受け入れがちです。しかし、話し合いで十分解決できる道はないかとまずは検討してくれる弁護士は信頼できるでしょう。

不動産鑑定士への依頼は料金が安いことを重視するとよいでしょう。不動産鑑定士の査定方法はルールが決められているので、どこに依頼しても査定額はほぼ同じになるからです。ただし、安いところへは依頼も多いので時間がかかる可能性があります。

02 遺言書は相続トラブル回避の切り札となる

相続でもめる要素が時代とともに増えてきた

家族が互いに思いやりを持ち続け、意思の疎通をしっかりやっていれば相続に問題は起きません。しかし、現実を見ると当たり前のように相続トラブルが発生し、年々増加しています。もちろん相続トラブルは昔からありますが、これまでも述べたように、時代の移り変わりとともに相続でもめる要素が増えてきたという背景があります。

ひとつには、伝統的な長兄相続が崩れてきたことがあります。昭和22年（1947年）までは、「家督相続」といって、家の主である戸主が亡くなると長男が財産のすべてを引き継ぐということが法律上の制度としてあったのです。そのため、遺産の分配を巡って法律的に争うということはありませんでした。長男は遺産を独り占めできる代わりに、兄弟姉妹の面倒を見る義務がありました。

現在では、遺産は相続人で分け合うものだということが法的にも保障されており、遺産分割の法的ルールも定められています。

一方で、家族の構成も核家族化が進んだことによって、「長男だから」「先祖代々の家」といった意識も変化してきています。家より個を重んじるようになったのです。それでも家を意識する流れは今も残っており、特に長男は「長男だから自分が差配するのが許される」と考えることも多くあります。これだけで、当然のごとく他の兄弟姉妹とトラブルが勃発します。

次に、個人が尊重される時代になったことで、人々の権利意識が高まりました。情報化社会が進んだことで、情報も簡単に得られるようになりました。雑誌、テレビでも相続に関する記事や特集があふれています。権利意識の高まりと情報の入手しやすさにより、相続時に言いなりにならず、自分の主張をはっきりと述べるようになったのです。

3つ目に、失われた30年とも呼ばれる長引く不況が相続にも影を落としています。一般の人にとって、以前は相続財産は収入として予定するものではなく、相続時に予想外の収入として受け取っていました。しかし、生活を支える必須の資金として相続財産に期待するようになりました。そのため、自分の相続持分を真剣に主張して求めるようになってきています。

相続トラブルを回避する遺言書の書き方

こうした現代の相続トラブルを避けるための切り札になるのが遺言書です。一般的に遺言書が切り札となるのは次のような場合です。

- ・配偶者に多く財産を相続させたい
- ・世話になった子供に貢献度に合わせた相続をさせたい
- ・先妻との間に子供がいる
- ・現金が少額で主な財産が不動産

遺言書の書き方の例と基本的な注意点は、次ページの図のようになりますが、作成方法と押さえるべきポイントは次の5つになります。

遺言書の書き方（例）と基本的な注意点

遺言書

遺言者 松原一郎は次のとおり遺言をする。

1. 下記の自宅土地および建物は、妻松原昌子に相続させる

①土地
所在　東京都世田谷区○○１丁目
地番　○○番○○
地目　宅地
地積　○○平方メートル

住所と所在は異なることがある。土地も建物も登記簿に記載された所在、地番、家屋番号を書く ※特定できることが必要

②建物
所在　東京都世田谷区○○１丁目○○番○○
家屋番号　○○番○○
種類　居宅
構造　木造瓦葺２階建て
床面積　１階　○○平方メートル
　　　　２階　○○平方メートル

2. 遺言者名義の預貯金（下記）は妻松原昌子に２分の１、長男松原昌一に４分の１、長女竹田昌美に４分の１を相続させる

○○銀行○○支店（口座番号 1234567）
△△銀行○○支店（口座番号 2345678）
□□銀行○○支店（口座番号 3456789）
×× 銀行○○支店（口座番号 4567891）

付言事項で感謝の言葉と遺留分を超える理由を書いておくことがトラブル防止につながる

3. その他遺言者に属する一切の財産を妻松原昌子に相続させる

4. 付言事項

よい人生を送れたことを家族みんなに感謝します。子供たちは少ない預貯金だけで申し訳ないと思うが、お母さんの今後の生活のための家と必要最低限の生活資金として譲ってあげてほしい。お母さんが亡くなった後は、いろいろ不満はあってももめることのないようにきっちり半分ずつの取り分で分けてほしい。早く会いたいのは山々だが、少しでも再会の日は遅くなることを願っています。

令和２年４月10日

日付は特定できることが必要。「４月吉日」などは特定できないので不可

東京都世田谷区○○１丁目○○番○○号
遺言者　松原一郎　㊞

①法的に有効な遺言書であること
②財産目録をつくる
③遺留分に気をつける
④付言事項を必ず付け加えること
⑤公正証書遺言か自筆証書遺言か

④の付言事項は非常に重要ですので、必ず入れるようにします。内容は主に遺産の増減理由です。遺産を増やす理由と減らす理由を明確にしておくことが、もめないための遺言書としてのポイントだからです。納得する理由が書いてあれば、遺留分を侵害するものであっても争いを回避することができます。

欧米では遺言書を書くのが当たり前

日本では、遺言書を書くのはまだごく少数ですが、欧米では遺言書を書くのが普通です。正確な統計はありませんが、日本では遺言書を書く人は1割もいないと思われます。一方でアメリカでは60～70％ともいわれます。

アメリカの場合、相続手続きは日本とかなり違います。配偶者が亡くなった場合、まず夫婦の財産の処理が行われます。日本のように故人（被相続人）の財産がいったんすべての相続人の共有財産となるのではありません。先に相続人の配偶者が自分の取り分を受け、残りの財産が相続財産となります。例えば、夫の死亡で夫婦の共有財産が1000万円あって、妻の取り分が200万円だった場合、1000万円から200万円を差し引いた800万円が相続財産として妻を含めた残りの相続人全員で分け合います。

相続財産の分配については、一定の条件を備えた遺言書があれば、その遺言書に沿って手続きが進められることになりますが、遺言書の有無にかかわらず、検認裁判（プロベート：Probate）という裁判所の監視下で行われる遺産分割・相続手続きが原則として必要となります。

特に遺言書がない場合の検認裁判は、手続きが非常に面倒で費用や時間がかかるため、相続人にとって大きな負担となります。相続財産の分配に数カ月から数年がかかり、その間の生活に困窮する場合があるので、習慣として遺言書をつくる面もあります。このように、検認裁判をスムーズに進めるために、生きているうちにきちんと遺言を残したり信託財産にしたりすることが多く行われています。

アメリカの遺言書には、ウィル（Will：日本の一般的な遺言書にあたる）、リビングトラスト（Living Trust）といった種類があります。特に、リビングトラストは相続財産を信託財産の形にしておくもので、検認裁判を回避することができます。なお、日本で作成された遺言書はアメリカでは法的効力を持ちません。

そのほかにも日米の違いはいくつかあります。アメリカでは故人の意思を何よりも尊重するので、遺言より優先される日本のような遺留分はありません。また、相続手続きは州法によって決められているので、州によって相続人の順位や取り分はかなり違っています。

03

相続トラブル対策としての「家族信託」と「成年後見制度」

認知症は相続対策の大きな障害になる

近年、従来の高齢化ではあまり意識されていなかった認知症と財産管理の問題がクローズアップされるようになりました。長生きする人が多くなると認知症の人の割合も増え、本人による財産管理に支障が出るようになるからです。

認知症は相続対策にも大きな障害となります。認知症になると本人は本来の遺産分割のための財産管理ができなくなり、遺産分割の意思も示せなくなります。家族の一人に都合のいいように誘導されてしまうかもしれません。たとえ遺言書があっても、遺言書そのものの有効性を巡って相続人の間でトラブルになる可能性が非常に高くなります。

このため、相続でもめないようにするためにも、生前の認知症対策は時代の必須事項となってきています。認知症への対策として考えられるのは、成年後見制度と家族信託があります。家族信託は認知症対策だけでなく、遺言代わりになるなど幅広い相続トラブル対策としても利用できます。

成年後見制度は制約が多く負担も大きい

「成年後見制度」とは、認知症などにより自分で物事を判断する能力が不十分になったり、判断能力を失った人に対して、後見人をつけることによって保護する制度です。一定の法律行為を後見人が判断したり、行ったりすることによって認知症の人が不利益を受けないようにします。

成年後見制度には、本人が判断能力のあるときに、本人が事前に任意後見契約をしておく「任意後見制度」と本人の判断能力が低下したり、失われた後に家庭裁判所が後見人を選任する「法定後見制度」があります。

任意後見制度では、本人の意向を任意後見人に伝えておくことにより、認知症発症後も本人の望む形での財産管理ができます。任意後見人は家族や友人のほか、弁護士や司法書士などの専門家に頼むこともできますが、認知症発症で保護が必要になると家庭裁判所が

「任意後見監督人」を選任し、定期的に任意後見人の職務を監督・チェックしますので、任意後見契約で定めた権限がすべて遂行できるとは限りません。

また、任意後見人には法定後見制度のような取消権がなく、「任意後見監督人」の報酬がかかるなどのデメリットや、「任意後見監督人」に、任意後見人の解任を求める権限があることを覚えておきましょう。

一方、法定後見制度では、本人の認知症が進行してしまっているので、通常は家族などが家庭裁判所に申し立てを行います。家庭裁判所では、法定の成年後見人を選任します。法定の成年後見人は認知症の進行度に応じて「補助」「保佐」「後見」の3種類があります。最も重度な後見の場合は、あらゆる法律行為を代理することができます。

法定後見制度の成年後見人は家庭裁判所が選任するので、家族が希望してもなれるとは限りません。しかも、家族が成年後見人に選任されても、身上監護（介護施設に入る契約や病院への入院手続きなど）だけで、財産管理（財産の保全や処分）を行うのは弁護士や司法書士などの専門家が成年後見監督人として選ばれるのが現在は一般的です。

そのため、身上監護の成年後見人である家族と財産管理の成年後見監督人である弁護士の意向が一致しないで困ることが起きがちです。例えば、家族が全員同意していても財産管理の成年後見監督人が財産保全の立場から自宅の売却に同意しないことにより、介護施設の入居費用が捻出できないといった不都合はよくみられます。自宅の売却によって本人の財産が減るのは本人にとって不利益だと成年後見監督人はみなすからです。

そのほかにも、成年後見制度では、毎年の家庭裁判所への報告義務があることや資産の積極的活用や生前贈与などができない、成年後見が開始された後は成年後見をやめることができないなどの難点があります。また、成年後見監督人への費用は月額2万円程度かかるなど費用負担もかなり必要です。

成年後見制度は、あくまでも〝本人〟の財産上の利益を守ることを目的する制度なので、相続対策としては使いにくい面があります。

相続のための認知症対策で注目される家族信託

「家族信託制度」とは、大切な「資産」と「想い」を信頼できる家族に託す制度です。これは、将来の認知症などによる意思能力（判断能力）の低下に備えた相続対策として有効です。意思能力を失ってからでは契約行為ができないため、意思能力があるうちに検討する対策だといえます。

家族信託は、平成19年（２００７年）９月30日に施行された改正信託法によって可能になった比較的新しい制度です。背景には、急速な高齢化に伴う高齢者の財産管理や遺産承継を行うニーズの高まりがあります。一般社団法人家族信託普及協会の設立の趣旨では、「〝信託〟という手法を活用して財産管理を家族自身が担う、いわば『家族の家族による家族円満のための信託』」とされ、「柔軟性に欠け親族後見人の負担も大きいとされる『成年後見制度』や抵抗感のある『遺言』の代わりに円満な資産管理・承継を実現する仕組み」として説明されています。

このように、家族信託は、成年後見制度や遺言の代わりとなる使いやすい制度として発足しました。家族信託の具体的な利用方法としては、介護対策（介護費用の捻出）、不動産の共有対策（相続人共有回避）、認知症対策（成年後見制度の代わり）、２次相続以降の資産承継対策（先祖代々の家系への資産の受け継ぎ）などがあります。また、同族で会社経営をしている場合は、円満な事業承継対策にも使えます。

家族信託は当初は遺言書ではできない２次相続対策として注目されていましたが、現在では認知症対策として利用されることが多くなっています。

家族信託では元気なうちは自分で財産を使える

家族信託の基本的な仕組みは、次ページの図のようになります。父親など財産の所有者が委託者（依頼者）となって受託者（依頼の引受人）となる家族（長男や妻）と信託契約を結んで財産を管理してもらいます。

委託者（父親）の財産は信託財産として名義が受託者（長男）に変わりますが、父親は引き続き受益者として自分の財産（信託財産）を使うことができます。その後、父親が認知症を発症したときは、長男（受託者）が柔軟に信託財産の処分などの判断をして実行することができます。金融機関などが父親に対して本人の意思確認手続きをする必要がないので、資産凍結状態になって資産が使えなくなることがありません。

例えば、父親の介護施設への入所資金にあてるために自宅を売却したりすることが可能です。なお、長男だけに信託財産管理を任せることに不安がある場合は、他の家族（長女など）を信託監督人にして適正な管理をチェックすることもできます。

家族信託は公正証書で信託契約書を作成する

家族信託を行う一般的な手順は、まず財産を管理してもらう受託者を選任するところか

家族信託の基本的な仕組み

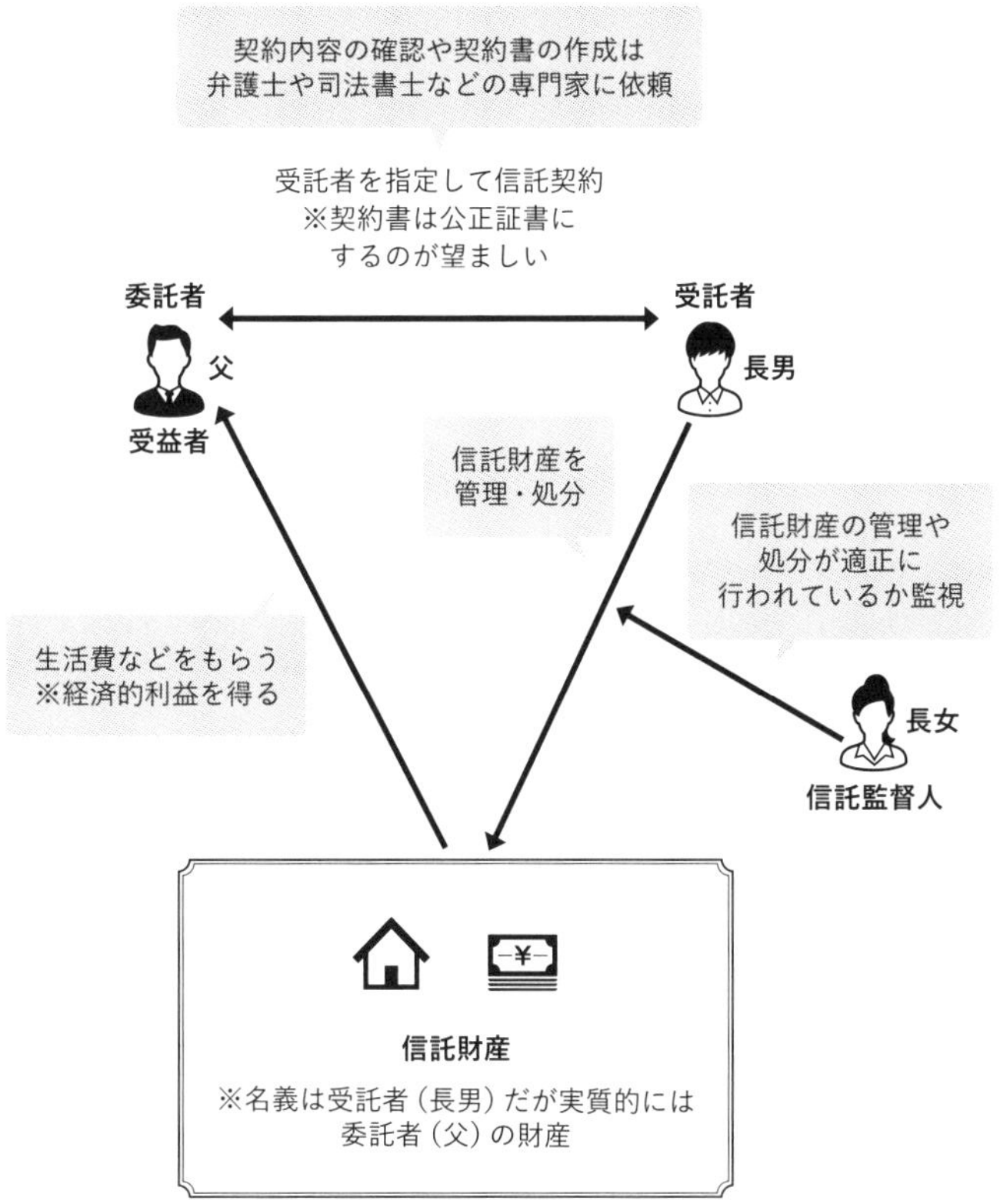

契約内容の確認や契約書の作成は
弁護士や司法書士などの専門家に依頼
受託者を指定して信託契約
※契約書は公正証書に
するのが望ましい
委託者
父
受益者
受託者
長男
信託財産を
管理・処分
信託財産の管理や
処分が適正に
行われているか監視
生活費などをもらう
※経済的利益を得る
長女
信託監督人
¥
信託財産
※名義は受託者（長男）だが実質的には
委託者（父）の財産

ら始まります。受託者はいちばん信頼のおける家族になりますが、他の家族が不満を持たないように配慮して選びます。配偶者と長男というように受託者を複数にしてもかまいません。適当な受託者がいない場合は、第三者の法人に依頼することもできます。

受託者が決まったら、信託をする目的と依頼する内容、受益者の指定を受託者と話し合って確認し決めます。家族の納得を得るという意味では、委託者と受託者だけでなく、家族全員で話し合うとよいでしょう。依頼内容は目的に合わせて自由に設定できますが、指定する信託財産は明確にしておく必要があります。信託財産の対象は、不動産（土地、建物）、現預金などです。株式は、上場株式は実務上で信託財産にすることが困難ですが、同族経営などの非上場株式は可能です。また、公的年金の受給権も信託財産にできないので、年金の受給口座を家族信託の口座にすることはできません。年金は委託者に振り込まれた後、家族信託の口座に送金することで預金として信託財産とすることができますが、定期的な送金を信託契約書に記載しておく必要があります。

信託契約の内容は契約書にしておく必要がありますが、弁護士や司法書士などの専門家にアドバイスや契約書作成を依頼したほうが間違いが起こりません。契約内容の整合性や正当性など法的な不備のチェックばかりでなく、想定される今後のトラブルや対策を実情に合わせてアドバイスしてもらえるからです。なお、信託契約書はリスクを避けるためにも公正証書にしておくべきです。

信託財産を受益者がお金として使う場合には、信託財産専用の銀行口座をつくる必要があります。信託銀行などで委託者と受託者が共有で管理できる民事信託口座を開くことができます。

家族信託は設計次第でさまざまな目的に使える

家族信託は自由に内容を設計できるため、さまざまな使い方が可能です。主な資産管理対策や相続対策としては次のようなものがあります。

〔認知症による介護対策〕

認知症によって介護状態になったとき、自分の資産で必要な費用を確保したいときに家族が資産を管理したり、処分したりすることができます。家族（受託者）が介護施設の入居費用にあてるために自宅を売却したり、自宅をリフォームして賃貸に出し、家賃を介護施設の月々の支払いにあてるといったことができます。

〔不動産の共有対策〕

自宅などの不動産を複数の相続人による共有でもめることを避けることができます。例えば、父が3人の子（長男・長女・次男）のうち、長男を受託者とする家族信託契約を結び、父母が死亡後の受益者と分け方を3人に指定しておけば、親の死亡後の相続で共有名義になっても、長男が売却などの処分をして売却金を家族信託契約に基づいて3人で分配するといったことで共有名義によるトラブルを回避できます。

〔2次相続以降の資産継承対策〕

遺言書では1次相続の相続人までしか指定できませんが、家族信託では、2次相続以降の財産の受取人を指定しておくことができるのが大きなメリットです。

例えば、子のない夫婦で夫が死亡したときの相続人は妻だけになります。その後、妻が死亡すると2次相続の遺産は妻の兄弟姉妹などが相続することになりますので、夫の家系には夫の遺産が承継できなくなります。この場合、夫の弟の子（夫側の甥や姪）を家族信託で指定しておけば、先祖代々の資産を夫自身の家系に引き継ぐことができます。

〔遺言としての機能を活用した対策〕

家族信託は、遺言書としての機能も持っていますので、遺言書代わりに活用することができます。例えば、高齢夫婦の場合は妻が認知症になっているケースもあります。夫が先に亡くなると妻は相続した遺産の管理もできませんし、2次相続の遺言書を書くこともできません。この場合、夫が家族信託で妻の財産管理や妻が亡くなったときの資産の承継者を指定しておくことができます。つまり、遺言書を書いたのと同じ効果があるのです。

さらに、遺言書は作成ルールが厳格に定められていて面倒なうえ、法的要件を満たしていないと無効になるリスクがあります。その点、家族信託は契約によって行うので無効になるリスクを心配する必要はありません。

家族信託の注意点も知っておこう

家族信託は有力な相続対策になりますが、注意点も知っておく必要があります。主に次のようなものがあります。

・受託者の選定に注意しないと受託者以外の相続人とトラブルが起きる可能性がある

・すべての財産を信託財産にすることはできない（年金受給権などは不可、上場株式は証券会社が名義変更を引き受けないことが多い）。信託財産以外の財産は相続時に遺産分割協議が必要

・信託財産の損失はその他の財産と損益通算ができない（例えば、信託財産にしている家の家賃収入が減って赤字になった分を信託財産以外の財産の黒字分から差し引いて税金を安くすることができない）

・家族信託の専門家への相談料などは遺言書作成などより高めになる（数十万円程度）

・2次相続以降の長期にわたって資産の承継者を指定できるため、長期間資産処分に制限をかけることになる

04 備えのないまま相続が発生したときの対応

必要な手続きの期限を確認

相続対策は事前に準備しておくのが望ましいのですが、特に準備のないまま親が亡くなり、相続が発生してしまった場合はどうしたらよいでしょうか。そうした場合、葬儀などで落ち着かないので、四十九日を過ぎてからようやく相続のことを考え始めることが多いようです。

細かいことは難しいでしょうが、四十九日前でも、必要な手続きの種類と期限だけは確認しておくようにしましょう。相続放棄は3カ月以内など、意外と期限の短い手続きもあります。

「とりあえず」の対応でも期限・期限時の方針を決めておく

実際に遭遇してみると思っていたこととはずいぶん違うということがあります。特に、遺産分割協議は事前了解がないときはなかなかまとまるものではありません。特に不動産は持分の所有になるので、「まあ、実家は兄ちゃんが住んでいることだしとりあえずそのままでいいか」となりがちです。当座の対応としてはやむを得ないとしても、共有名義をそのままにしておくと後々トラブルになりますので、必ず期限と方針だけは取り決めて文書を交わしておくようにします。

最後はやっぱり互いの思いやり

準備なしに相続が発生すれば、権利のやり取りだけに身内特有の感情のぶつかり合いになりがちです。知識のある者につけ込まれたり、疑心暗鬼になって提案を拒むなどおよそ合理的な判断などはできなくなるものです。

こういうときには専門家に中に入ってもらって、客観的に落としどころを提案してもらうのも有効です。提案に対しても、最後はやはり互いを思いやる心が受け入れの糸口となるでしょう。

Column

アメリカには「遺言書を書きなさいシステム」がある

日本と欧米で遺言書の作成割合が大きく違うのには、いくつかの理由があります。よくいわれるのは、日本人と欧米人の気質の違いです。日本人は、契約とか自己主張が苦手であうんの呼吸を重んじる気質があります。一方で、欧米人は契約の思想が根本にあり、人生の締めくくり方もきちんと意思表示しておくという気質です。

遺言書も契約書類の一種で意思表示の手段のひとつですから、欧米人にとって遺言書を書くのは当たり前のことなのです。もちろん、欧米人でも遺言書を書かない人はいますから、気質だけでは語れないものがあります。

例えばアメリカでは、遺言書がないとプロベート（検認裁判）で相続財産を数カ月から数年も凍結されて、費用もかなりかかってしまうという制度的なハードルがあります。遺言書の種類や一定額以上の財産などにより、必ずしも単純にプロベートを回避できるわけではありませんが、プロベート回避の有力な手段としてリビングトラスト（生前信託）が使われています。

このように、アメリカでは、仕組み的に遺言書やリビングトラストを促すシステムになっています。個人の意見を尊重する「私的自治の原則」が徹底しているあらわれでしょう。

〈著者紹介〉

松原昌洙（まつばら・まさあき）

株式会社中央プロパティー 代表取締役社長
宅地建物取引士　一般社団法人相続総合支援協会 代表理事
相続アドバイザー(NPO法人相続アドバイザー協議会認定)
住宅ローンアドバイザー(社団法人全日本不動産協会認定)

1970年生まれ、静岡県出身。2011年に業界で唯一、借地権・共有名義不動産を専門に扱う株式会社中央プロパティーを創業。弁護士、司法書士、不動産鑑定士などの専門家とともに問題解決に取り組む体制を確立。現在までに2500件以上のトラブル解決をサポート。その実績から、新聞、雑誌、テレビなどのメディアにも取り上げられ多数出演。

また、弁護士、司法書士、税理士などの専門家だけで構成された一般社団法人相続総合支援協会を立ち上げ、代表理事としてセミナーを開催し、地方講演などの支援も行っている。

著書は『あぶない!! 共有名義不動産』(幻冬舎メディアコンサルティング)、『相続の落とし穴！ 共有名義不動産』(合同フォレスト)、『頑固な寿司屋の大将も納得する!? よくある借地権問題(ギャラクシーブックス)』など。

不動産相続《ふどうさんそうぞく》のプロが解決《かいけつ》！ 危《あぶ》ない実家《じっか》の相続《そうぞく》

印　刷　2020年7月20日
発　行　2020年8月5日

著　者　松原昌洙《まつばらまさあき》

発行人　小島明日奈
発行所　毎日新聞出版
〒102-0074　東京都千代田区九段南1-6-17　千代田会館5階
営業本部：03(6265)6941
図書第二編集部：03(6265)6746

印刷・製本　中央精版印刷

ISBN978-4-620-32637-5